পাগল ও ঈশ্বরী

পাগল ও ঈশ্বরী

সুনন্দা চক্রবর্তী

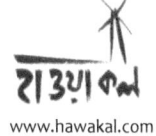

হাওয়াকল
www.hawakal.com

Pagol O Ishwari
a collection of Bangla short stories
by Sunanda Chakraborty

প্রথম প্রকাশ: অগস্ট ২০১৮

© গ্রন্থকার

প্রচ্ছদ: চিত্রাঙ্গী

হাওয়াকল পাবলিশার্স ১৮৫, কালি টেম্পল রোড, নিমতা,
কলকাতা-৪৯ কর্তৃক প্রকাশিত, এসপি কমিউনিকেশনস,
গড়পাড় রোড, কলকাতা-৯
কর্তৃক মুদ্রিত

info@hawakal.com
৮৪২০৭৫৮২২৪

২৭৫.00/-
www.facebook.com//hawakaal.publishers

ISBN: 978-93-87883-21-5

নিরাপদ কোল, অক্ষর-জ্ঞান, মনের মতন আহার, স্নেহের আঁচল, আর কড়া শাসনের সঙ্গে অবান্তর প্রশ্রয় পেয়েছি যার কাছে তিনি আমার মা। মা কল্পনা চক্রবর্তীকে বইটি উৎসর্গ করলাম।

সূচি

কার্তিক পূজা

লতিকা সকালে উঠে বিছানায় বসে ঠোঁটের কাছটায় হাত দিল। কাল অনেক রাতে দুলাল বাড়ি ফিরেছিল। মুখে মদের গন্ধ ভুরভুর করছিল দেখে লতিকা রাগারাগি করাতে এক সপাটে চড় এসে পড়েছিল। এ নতুন কিছু না। লতিকার গা সওয়া হয়ে গেছে। বিয়ে হয়েছে ইস্তক এই হয়ে আসছে। শ্বাশুরি কমলা অনেকবার বলেছে, "বউ, বাচ্চাকাচ্চা হলে দেখবি আর দুলাল মারবে না। বাচ্চা হল সোয়ামী ইস্তিরির মধ্যে বন্ধন।" আটা মাখতে মাখতে ক্ষণিক হাত থেমেছে, তারপর আবার নিজের মনে আটা ঠেসেছে। সন্ধে হতেই রুটি কেনার ভিড় তাদের ছোট্ট বারান্দায়। লতিকা আটা মাখে, বেলে, আর শ্বাশুড়ি গনগনে আঁচে তাওয়ার মধ্যে রুটি এপিঠ ওপিঠ সেঁকে নিয়ে জালে বসায়, ফোলায় আর একটা বড় গামলায় সাদা কাপড়ের উপর রাখে। মাঝে মাঝে রুটিগুলো উল্টেপাল্টে রাখে। দু-জনের একান্ত নিজস্ব ব্যবসা। দুলালের অনিয়মিত টাকাপয়সা দেওয়া, অকথ্য গালিগালাজ সয়ে সয়ে কমলা আর লতিকা এই পথ বেছে নিয়েছে। মাঝে মাঝে পাড়ার ক্লাব থেকে মাংসের ছাঁট দেওয়া ঘুঘনি বানিয়ে দেয় কমলা। লতিকা হাতের সামনে সবকিছু কেটে বেটে যোগাড় করে দেয়। মার খেয়েও হাজার হোক স্বামী ভেবে

ওর থেকেই কমলার চোখ বাঁচিয়ে ছোট এক বাটি আলাদা করে রাখে। কমলা সব দেখেও দেখে না। দুলাল একেবারেই ছেলে হিসেবে দরের নয়, তবুও নাড়ী ছেঁড়া ধন, কীই বা করা?

দেওয়ালে ঝোলানো ছোটো আয়নায় দেখল ঠোঁটের কোণায় একটু দাগ, রক্ত জমাট বাঁধলে যা হয়। বুকের মধ্যে একটা অজানা কষ্ট ঘুরে চলে গেল ঠিক যেমন বর্ষার আকাশে মেঘ এই আসে এই যায়। দরজা খুলে বাইরে এসে চমকে গেল। কে বা কারা তাদের দাওয়ায় কার্তিক ঠাকুর ফেলে গেছে। কমলার দরজার কড়া ধরে নাড়ে, "মা, মা, দরজা খুলুন। দেখুন কী কাণ্ড!"

কমলা দরজা খুলে কার্তিক ঠাকুরের মূর্তি দেখে রেগে গেল। নিজেদের উঠোনে নেমে রাস্তার দিকে তাকিয়ে, "কোন আবাগীর ব্যাটা, গুখেকো আমার ঘরের সামনে কার্তিক রাখিস? হারামির দল সব।"

কমলার আকাশ-কাঁপানো তড়পানি শুনতে শুনতে বাড়ির সামনে টিউবওয়েল থেকে জল নিয়ে মুখ ধুচ্ছিল হারানের মা। সে বলে উঠল, "কমলা, শুধু শুধু চিৎকার কর কেন? তোমার ছেলের বিয়ে হল তিন বছর ঘুরতে চলল। একটা

কাচ্চাবাচ্চা হয়নি সেদিকে খেয়াল আছে? তোমার বউ বাঁজা নাকি দেখ? এবার কাত্তিক পূজা করেই ফেল। দেখ, যদি বাচ্চাকাচ্চা হয়।" হারানের মায়ের কথা শুনে লতিকার দু-চোখ ভরে জল আসে। সে কি চায় না মা হতে? কিন্তু সবার কি আর সব কপালে সয়? সত্যি তো, সামনের মাঘে চার বছর হয়ে যাবে বইকী। লতিকা কী করবে? দুলালকে কত ভালোবাসে, কে না তার সোয়ামীকে ভালো না বাসে? কিন্তু দুলাল বুঝলে তো। মদ গিলে এসে বিছানায় ধুপুস, বিয়ের প্রথম প্রথম বেশ কয়েকবার আদর করেছিল, কিন্তু তাতে কিছু কাজ হয়নি। লতিকার মেদহীন ছিপছিপে ধনুকের ছিলার মতন টানটান দেহের আগুন ধিকিধিকি জ্বলে গেছে। কোনো কাজে লাগেনি। একটুতেই নেতিয়ে পড়েছে দুলাল। এত মদ খেয়ে চুর হয়ে থাকলে কি আর আদর হয়? কতদিন হয়ে গেছে দুলাল আর আদর করে কই? লোকে ভাবে সে বাঁজা। বাইরের লোকেদের কি বলা যায় যে দুলাল... বউ বরকে ধরে রাখতে পারে না যখন, সব দায় তার নিজের। বেশীরভাগ দিন মদ খেয়ে আসে, খায়ও না। ঘুমিয়ে পড়ে। মা ছেলের যখন ঝগড়া হয়, তখন ওদের কথাবার্তায় বুঝেছে যে দুলালের অন্য পাড়ায় যাতায়াত আছে। কী নেই লতিকার যে দুলালকে অন্য মেয়েমানুষের কাছে যেতে হয়? কমলার কথায় বুঝতে পারে দুলালের বাবারও এ রোগ ছিল।

দুলালের ভাগের চারখানা বাসি রুটি পরেরদিন কমলা আর লতিকা এক গ্লাস চায়ে ডুবিয়ে, পা ছড়িয়ে তাদের দালানে বসে আয়েস করে খায়। দুলাল তখনও বিছানা ছাড়ে না। কমলা হাঁড়িতে ভাত ফুটতে দিয়ে তার মধ্যে দু-খানা আলু, কুমড়োর টুকরো দিয়ে দেয়। দুলাল ঘুম থেকে উঠে ওই খেয়ে কারখানা যায়। মাঝে মাঝে রাতে বাড়ি ফেরেও না।

কমলা হারানের মায়ের কথায় থমকে যায়। লতিকার দিকে তাকিয়ে ছলছল চোখ দেখে চুপ করে যায়। "বউ, কাঁদিস না, এরা খুব শয়তান। আমি জানি, তোর কোনো দোষ নাই। দুলালের বাপটা আমার কম হাড় জ্বালিয়েছে? আমার হাড়ে বটগাছ গজিয়ে দিয়েছিল। এখন হয়েছে দুলাল। সব রক্ত, বুঝলি রক্ত। গরিবের ঘরে মেয়েদের, মায়েদের, বউদের ইজ্জত বলে কিছু নেই। ছেলেগুলো শাঁখের করাত, এদিক গেলেও কাটে ওদিক গেলেও কাটে।" লতিকা স্টোভ জ্বেলে কমলা আর নিজের জন্য চা বানায়। চায়ে রুটি ডুবিয়ে খেয়ে দু-বার চুমুক দিয়ে কমলা লতিকার দিকে তাকিয়ে, "হ্যাঁ রে বউ, আজ কীকরে কাত্তিক পূজা করব বল দিকিন? তোর কাছে কিছু আছে?" লতিকা মাথা নাড়িয়ে জানায় কিছুই নেই। শ্বাশুড়ি বউ দুজনে মিলে রুটি বানায়, নারকেলের পাতা যোগাড় করে

শলার ঝাঁটা বানিয়ে বিক্রি করে। কীই বা এমন খায়? দু-মুঠো ভাত, আলুসেদ্ধ। রুটি রাত দশটা অবধি বানায়। তারপর ওই উনুনের মরা আঁচে দুটো আলু কুচি করে কেটে নুন, হলুদ, কাঁচা লঙ্কা দিয়ে ঝোল ঝোল বাটি চচ্চড়ি বানায় লতিকা। শীতকালে দুটো পেঁয়াজকলি আর ধনেপাতা দেয়। লতিকার কোনো চাহিদাই নেই। দুলাল মাইনে পেয়ে যা ঠেকায় ওর মায়ের হাতে, তাতে তিনবেলা তিন পেট চলে না। শাড়ি আজ অবধি নতুন পেল কই? কমলা এর ওর বাড়ি থেকে নিয়ে আসে। দাস বাড়ির নতুন বউয়ের সাথে ব্লাউজের সাইজ মিলে যায়। তার দরাজ হাত, দিয়ে দেয় কমলাকে ডেকে। নতুন বউয়ের ছেলে হলে একবছর তেল মালিশ করে দিয়েছিল কমলা। মা, ছেলে দুজনকেই মালিশ করে দিত। তার বদলে ওরাও হাত ভরে দিয়েছে। "বউ, একবার তাহলে নতুন বউকে বলি? যদি কিছু টাকা দিতে পারে। পসাদ করার জন্য ফল লাগবে, মন্তর বলার জন্য বামুন লাগবে। নয় নয় করে খরচ আছে তো?" লতিকা ততক্ষণে কমলার ঘর ঝাঁট দিয়ে জল ছিটিয়ে বাসি কাপড় ছেড়ে চারটে ইট দিয়ে উঁচু করে একটা কাপড়ের টুকরো পেতে ঠাকুরের মূর্তি রেখেছে। "মা, আমরা যেটুকু পারি, ধার-বাকির দরকার কী? এই তো দুটো শশা, কলা, গাছের নারকেল আর পেয়ারা দিয়ে হয়ে যাবে। আমি একটু নাড়ু বানিয়ে দেব?"

কমলা মাথা হেলিয়ে বোঝায় যা ভালো মনে করেছ। দুলাল ঘুম থেকে উঠলে কমলা জানাল যে কেউ ঠাকুর ফেলে গেছে, পূজা করতে হবে। আবার একপ্রস্থ খিস্তির ঢেউ উঠল ছেলের গলায়। ক্লাবের ছেলেরা ক্লাবের গেটের পাঁচিলে বসে পা দোলাচ্ছিল। ওরা মিটমিট করা হাসাহাসি করে বলল, “ও দুলালদা, আজ খিচুড়ি, আলুর দম, মিষ্টি হচ্ছে তো? ছেলে হলে আবার অন্নপ্রাশনের নেমন্তন্নে খাসির মাংস বানিও, আর একটু সঙ্গে যদি দিতে পার” বুড়ো আঙুলটা উঁচিয়ে মুখের কাছে নিয়ে দেখাতেই দুলাল খিঁচিয়ে উঠল, “কে বে তোরা? আজ তোদের বাপের ইয়ে নাকি? শালা ফোকটে খাওয়ার ধান্ধা। এই মাকড়াগুলোই মনে হয় ঠাকুর ফেলেছে। সব হারামির হাতবাক্স।” ক্লাবের ছেলেগুলো আরও জোরে হাসতে লাগল খ্যাঁকখ্যাঁক করে, “কী যে বল দুলালদা, আমার বাপের বিয়েতে নাকি হেভি খাইয়েছিল, আমি যদিও খাইনি। কীরকম মা বাপ দেখ, নিজের ছেলেকেই নেমন্তন্ন করেনি।” আবার সমবেত হাসি, সাইকেলে ঘণ্টি, বাইকের হর্নের আওয়াজ আর অটোর আওয়াজে দুলালের মাথা গরম হয়ে গেল। কুয়োর পাড়ে জল তুলে ঝুপঝুপ করে মাথায় জল ঢালতে লাগল। লতিকা মিনমিন করে কিছু টাকা চাইলে একশো টাকার নোট ছুঁড়ে দিতে দিতে মনে পড়ল চম্পা যেতে বলেছিল, ওদের ওখানে পাঁচশ টাকা চাঁদা দিয়েছে। ওখানে দেদার

মদ আর মাংস খাওয়া আছে পতিবছরের মতন। বেশ খুশি খুশি দেখাল দুলালের মুখখানা, লতিকা হাঁ করে দুলালের হাসিমুখ দেখে মনে মনে বলল, "জয় কাত্তিক বাবার জয়।"

সন্ধের মুখে কমলা আর লতিকা দুজনে মিলে মূর্তির সামনে দশটা লুচি, আলু চচ্চড়ি, সুজি, তিনরকম গোটা ফল আর নাড়ু রেখে ধুপকাঠি জ্বেলে দিল, সঙ্গে প্রদীপ। বামুন ঠাকুরের আজ খুব ডিম্যান্ড, বলেছে দুশো টাকা দিলে ছেলেকে পাঠাবে। কমলা আর লতিকা ঠিক করেছে নিজেরা যেটুকু পারবে। লতিকার হাত জোড় করা, বিড়বিড় করছে এমনভাবে যেন মন্ত্র বলছে। শঙ্খে ফুঁ দিয়ে তিনবার বাজিয়ে কমলা বলল, "বউ, তাড়াতাড়ি কর আটা ঠাসা না হলে রুটি বানাব কীকরে? চল চল, তাড়াতাড়ি কর।" লতিকা উঠে এক গামলা আটা নিয়ে বসল মনে মনে ভাবছিল তাড়াতাড়ি আটাটা মেখে ফেলতে হবে। সবার আগে সমরবাবু আসবে। সমরবাবুরা দুই ব্যাটাছেলে থাকে, তার বুড়ো বাপ আর সে। এক প্যাকেট দুধ আর ছ-টা রুটি নিয়ে ফেরে। রাতে দুধ রুটি খেয়ে নেয়। সবার আগে অফিস ফেরত সমরবাবুই আসে। বিয়ে করেনি সমরবাবু। মা ক্যান্সারের পেশেন্ট ছিল, দু-বছর হল মারা গেছে। এখন বাপ ব্যাটা। বাড়িতে মেয়েমানুষ

একজন অন্তত না থাকলে পুরুষগুলো কেমন এলোঝেলো হয়ে যায়। জামাকাপড়গুলো কেমন নোংরা। লতিকার ওনাকে দেখলে বুকের ভিতর উথালপাতাল করে। কী দুঃখী পুরুষমানুষ, মুখটা শুকনো করে অফিস থেকে ফেরে। লতিকা যদি ওর বউ হত তাহলে অনেক যত্ন-আত্তি করত। ভিজা গামছা দিয়ে গা মুছিয়ে দিত, পাউডার ছড়িয়ে দিয়ে বুকের মধ্যে একটা চুম্মা দিত, ভেবেই শিরশির করে উঠল শরীরটা। তেল, কাঁচালঙ্কা আর পেঁয়াজ দিয়ে মুড়ি মেখে দিত চায়ের সাথে। অনেক যত্ন করে খাওয়াত। এ কপাল কি আর লতিকা করে এসেছে? কার্তিক ঠাকুরের মূর্তির দিকে তাকিয়ে দীর্ঘশ্বাস ফেলল।

বেশ রাত হল, সমরবাবু আসছে না দেখে চিন্তায় পড়ে গেল লতিকা। কমলাকে বলল, "মা, সমরবাবুদের ছ-খানা রুটি আলাদা করে রেখে দেব? আজ এখনো আসল না। ওনার বাবা তাড়াতাড়ি খান তো।" কমলা হাত নাড়িয়ে বলল, "কে জানে রে? এত রাত তো করে না। আজ দুলাল বাড়ি ফিরবে, নাকি কারখানায় খাওয়া দাওয়া আছে? তোকে বলেছে কিছু?" লতিকা ঘাড় নেড়ে বোঝাল যে সে কিছু জানে না, মনে মনে ভাবছিল যে এটা কি বিশ্বকর্মা পূজা যে কারখানায় পূজা হবে? বেপাড়ার মেয়েমানুষেরা শুনেছে এই পূজা করে।

কমলা, লতিকা গুছিয়ে সব তুলে রেখে ওদের সামনের বারান্দায় জল ঢেলে ধুয়ে ঘরে বসেছে। “কমলা মাসি আছ?”, সমরবাবুর গলা শুনে লতিকা ছুটে জানালার কাছে যায়। লতিকাকে জানালায় দেখে, “দুটো রুটি হবে?” লতিকা ইশারায় দেখায় ঘুরে পিছনের বারান্দায় আসতে।

“আজ এত দেরী হল যে? দুধের প্যাকেট কই?” কমলা বলে। “আমি তো হাসপাতাল থেকে আসছি, বাবার এখন তখন অবস্থা কাল রাত থেকে। এখন একটু স্টেবল। বাবা মরে গেলে আমি একা হয়ে যাব মাসি,” কেঁদে ফেলে বাচ্চা ছেলের মতন। একেবারে ধ্বসে যাওয়া একটা চেহারা। পিছনের দালানের বাঁশের খুঁটিটা ধরে বসে পড়ে। লতিকা আর কমলা চোখ চাওয়া চাওয়ি করে। সমর নিজে থেকেই চুপ হয়ে যায়। আজ যেন রুটি নিয়ে বাড়ি যাওয়ার তাড়া নেই একেবারে। শূন্য বাড়িতে ফিরতে কার আর ভালো লাগে?

“সমরবাবু আপনি তো বামুন, যদি হাত-পা ধুয়ে এই শাড়িটা ধুতির মতো পরে দুটো ফুল ঠাকুরের পায়ে দেন,” লতিকা আগ্রহভরে তাকায়। সমরের অবাক মুখের দিকে তাকিয়ে আবার লতিকা বলে, “আজ, কাত্তিক পূজা তো,

কাউকে পাইনি পূজা করার জন্য। আমি গঙ্গাজল ছিটিয়ে দেব। পূজাটা যদি করে দেন। এখানেই দুটি যা-হয় খেয়ে নেবেন। তবে দক্ষিণা দিতে পারব না।"

সমর খানিকক্ষণ চুপ থেকে উঠে গিয়ে কুয়ো থেকে জল ঢালে গায়ে। লতিকা ছুটে এসে গামছা দেয় সমরের হাতে। সমর কমলার একটা শাড়ি লুঙ্গির মতো করে পরে ঠাকুরের সামনে বসে, নিজের মতো করে পূজা করে। ফর্সা একহারা শুকনো চেহারাটা দেখে মায়া হয় লতিকার। ওই পিঠে যদি মাথা রাখতে পারত? সাদাকালো কাঁচাপাকা বুকের লোমশ বুকে যদি হাত বুলিয়ে দিতে পারত? কমলা বেরিয়ে দাওয়ায় বসে আছে, জানে দুলাল আজ আসবে না। বাপের রক্ত বইছে দুলালের শরীরে। অজাতটা নেসচয় বেপাড়ায় গিয়ে মদ খেয়ে মেয়েমানুষের কোলে মাথা রেখেছে। বাপটারও এই ধারা, অন্য মেয়েমানুষের দোষ ছিল তো। লতিকাকে দেখে একটা দীর্ঘশ্বাস ফেলে কমলা। সোমত্ত বউটার জন্য মন কেমন করে কমলার।

লুচি, আলু চচ্চড়ি খিদের মুখে অমৃত মনে হয় সমরের। "আরেকটা লুচি দিই? চচ্চড়ি? আরেকটা নাড়ু? আমি বানিয়েছি," লাল-সবুজ ছাপা শাড়িতে সেজেছে লতিকা, কপালে ইয়া বড়ো সিঁদুরের টিপ। চওড়া হাসি লতিকার

মুখে। কমলা দালানে বাইরে বসে লুকিয়ে লুকিয়ে দেখে লতিকার আপ্যায়নের বহর। এক গ্লাস কুঁজো থেকে জল গড়িয়ে, "বউ, জলটা দে।" দৌড়ে এসে কমলার হাত থেকে জল নেয়। সমরের হাতে হাত ঠেকে যায় লতিকার। সমর চমকে ওঠে। বাইরে কার্তিকমাসের শিনশিনে হিম হাওয়া জানালা দিয়ে ঘরে ঢোকে। বাইরে বড়ো গোল চাঁদ। তার আলো জানলার গরাদ চুইয়ে ঘরে ছড়িয়ে যায়। হাত থেকে জলের গ্লাসটা পড়ে যায়। কমলা আস্তে করে বাইরে থেকে ঘরের দরজাটা ভেজিয়ে দেয়। মনে মনে বলে, "জয় কাত্তিক ঠাকুরের জয়! এবার বউকে পোয়াতি করে দিও ঠাকুর। ঘর আলো করে মেয়ে আসুক আমার লক্ষ্মীমন্ত বউটার মতো।"

কোমা

অলকা এদিক থেকে ওদিকে ঘুরে পাশ বালিশটা আঁকড়ে শুতেই ড্রয়িংরুমে রাখা মোবাইলের রিংটোন কানে গেল 'বারান্দায় রোদ্দুর...' অন্ধকার ঘরে ভারী পর্দার ফাঁক গলে আসা স্ট্রিট-ল্যাম্পের আলোয় ধরফর করে উঠে বসে দীপকের মুখটা দেখল। কীরকম নিশ্চিন্তে ঘুমোচ্ছে, কানে এতটুকুও রিংটোন যাচ্ছে না? আহা! কী অসাড়েই না ঘুমোচ্ছে। অলকা পড়িমরি করে দৌড়ে গিয়ে ফোন ধরলে ওপাশ থেকে কাঁদো-কাঁদো গলা, "বউদি, বাবার কী হয়েছে কিছু বুঝতে পারছি না, খুব অসুস্থ হয়ে পড়েছে, তোরা শীগগির চলে আয়।" দীপনের কান্না ভেজা আর্ত গলা শুনে ঘুম উড়ে গেল অলকার।

"সেকি! এই তো কালও কথা হয়েছে বাবার পপির সাথে। আমাদের সামনের শনিবার যাওয়ার কথা। খালি পপি বলল যে দাদানের সর্দি-কাশি হয়েছে। কথা বলতে হাঁপাচ্ছে। তা তুই অ্যাম্বুলেন্স কল করেছিস? শীগগির হসপিটালাইজড্ কর।"

"বউদি, তুই দাদাকে নিয়ে আয়। তারপর একটা ডিসিশন নেওয়া যাবে।"

"এই তুই এত কাঁদছিস কেন? ঠিক করে বল, বাবা বেঁচে আছে তো?"

" হ্যাঁ, কিন্তু শ্বাসকষ্ট হচ্ছে। চোখ ঠিকরে বেরিয়ে আসছে।"

"উফ! তুই কি পাগল? তুই পাশের বাড়ির সেনকাকুদের ডাক, সেনকাকুর ছেলে শৈবালকে বল তোর সাথে থাকতে। আর ইমিডিয়েট নার্সিংহোমে নিয়ে যা। তোর বন্ধু আছে তো, ওই বিশাল না কি যেন নাম? ও সারদা সেবাসদনে আছে না? আর কথা নয়। আমাদের যেতে টাইম লাগবে। কুইক!"

মোবাইলটা রেখে অলকা নিজের মোবাইলটা নিয়ে চেনা নামটায় কল করল, "শিবা, তোমায় এই রাতবিরেতে ডিস্টার্ব করছি ভাই। এখুনি আসতে হবে। দীপকের বাবা অসুস্থ হয়ে পড়েছেন হঠাৎ। এইসময় ও ড্রাইভ করতে পারবে না। তুমি আসো, প্লিজ!" কথা বলেই প্রথমে মেয়েদের ঘরে এসে লাইট অন করে। "পপি, সিমি তোরা উঠে পড়। একটা ট্র্যাভেল ব্যাগে জামাকাপড় নিয়ে নে, দাদান অসুস্থ। আমাদের যেতে হবে।" পপি, সিমি উঠে চোখ কচলিয়ে বসে ভাবতে থাকে স্বপ্ন না মা সত্যি এমন বলছে।

"দীপক, এই ওঠ বুঝলে?"—গায়ে ধাক্কা দেয় আলতো করে। দীপক চোখ খুলতেই, "তোমার বাবা অসুস্থ হয়ে পড়েছেন, দীপন ফোন করেছিল। আমাদের যেতে হবে।" দীপক দুম করে উঠে বসে হাউহাউ করে "বাবা, বাবা গো!" বলে কেঁদে উঠলে পপি, সিমি দৌড়ে এসে ঘরের দরজা ধরে অবাক হয়ে বাবাকে দেখল। বাবাকে তারা কাঁদতে কোনোদিন দেখেনি, বরঞ্চ তাদের মা বাবার সাথে ঝগড়া করে কাঁদে, কখনও তাদের বকাবকি করেও কাঁদে, আর মাঝেমাঝে কাঁদে দাদানের বাড়ি থেকে ফিরে। দাদান ও ঠাম প্রতিবার মাকে মনে করিয়ে দেয় যে তাদের ছেলেকে অলকা কেড়ে নিয়েছে।

"এরকম করলে চলবে? আমি শিবাকে আসতে বলেছি, ও এখুনি এসে পড়ল বলে। তুমি একটু চা খেয়ে ফ্রেশ হয়ে নাও। এখন এত কাঁদছ কেন? বাবা ঠিক হয়ে যাবেন।"

"হ্যাঁ, হ্যাঁ, তোমার বাবা হলে বুঝতে। এই তো সেবার পেসমেকার বসানোর আগে ফ্যাচফ্যাচ করে কাঁদনি?" বলে ডুকরে কেঁদে উঠল দীপক। অলকা চায়ে চিনি গুলতে গুলতে ভাবছিল সে কেঁদেছিল ঠিকই তবে এরকম যাত্রার মতো করে কেঁদেছিল কি? দীপক তো এখুনি আছাড়ি বিছাড়ি করে কাঁদছে। কি জানি একেক জনের দুঃখ প্রকাশের ভঙ্গি হয়তো একেক রকম।

যখন গাড়িতে উঠেছে তাদের সন্তোষপুরের ফ্ল্যাট থেকে তখন ঘড়িতে বাজে সাড়ে পাঁচটা। শিবার আসতে একটু দেরি হয়ে গেছিল। পপি সামনে বসে ঢুলছে, নিজেকে সিট বেল্ট দিয়ে বেঁধে নিয়েছে। সিমি মা বাবার মাঝখানে। ভোরের ঠান্ডা হাওয়ায় চোখ বুজে এসেছে তার। বাবার গায়ে মাথা দিয়ে ঘুমিয়ে যাচ্ছে। অলকা টানটান হয়ে বসে আছে। একবার নীচু স্বরে দীপনের সাথে কথা বলেও নিয়েছে। বাবাকে আইসিইউ-তে রাখা হয়েছে। এক এক করে নানা টেস্ট হবে তারপর ডাক্তাররা সব বলতে পারবে। এমনিতে দীপকের বাবা অমিয় বরাবর স্টেডি মানুষ, রোগ বলতে সামান্য উচ্চরক্তচাপ আর সুগার, তাও মোটামুটি আয়ত্তের মধ্যে। অমিয় একটা কলেজে পড়াত। প্রচুর ছাত্রছাত্রী নিয়ে তার ভালই মজলিশ চলে রোজ। ছাত্রছাত্রীদের বড্ড ভালোবাসে অমিয়। কত আলোচনা দর্শন, সমাজতত্ব নিয়ে। তার ফিলজফি ছিল খরচ কর, খাও, পিও, মৌজ কর। বেশি জমিয়ে কী কাজ? ছেলেদের পড়াশুনাতেও টাকাপয়সা খরচের ব্যপারে কোনো কার্পণ্য করেনি কোনোদিন। দীপক ও দীপন দুই ছেলেকে নিয়ে তার গর্বেরও শেষ নেই। অমিয় কলেজে পড়াত, মেয়েদের শিক্ষার উপর জোর দিত কিন্তু মেয়েদের একটু মনে মনে দাবিয়ে না রাখলেও ঘরমুখী করে রাখতেই পছন্দ করত। মায়া গ্র্যাজুয়েট হলেও কোনোদিনও ড্রয়িংরুমে আলমারি

ভর্তি বই থাকা সত্ত্বেও মায়াকে উৎসাহিত করেনি পড়ার জন্য। কোথাও যেন মনে মনে বিশ্বাস ছিল এসব নভেল পড়লে মেয়েরা অতিরিক্ত আত্মসচেতন হয়ে পড়ে যা একটা সংসারের জন্য প্রতিকূলতার সৃষ্টি করে। স্ত্রী মায়া সবেতেই একটু নেতিয়ে পড়ে, খুব নরম স্বভাবের। মায়ার একটা আতুপুতু ভাব, আবদার, ন্যাকামোটাই প্রিয় ছিল অমিয়র। মনে মনে ভাবত মেয়েরা এমনি মেয়েলি না হলে সংসার করা দায়। মায়ার বাত, সুগার, হাইব্লাডপ্রেসার, থাইরয়েড, হার্টের গোলমাল আছে। তাকে নিয়ে অমিয়র আদেখলাপনা দেখার মতন। দুই ছেলের বউ আড়ালে তাদের বরদের বলে বাবাকে দেখে একটু শেখো কীভাবে বউকে যত্ন করতে হয় মুখে ভালোবাসি বলার কোনো দাম নেই।

সন্তোষপুর থেকে বারাসাত দূরত্বটা বেশ অনেকটা। রাস্তাঘাট ফাঁকা, গাড়ি হুহু করে ছুটছে। এত সকালে মর্নিংওয়াকের লোকজন আর স্কুলের বাচ্চারাই রয়েছে। দীপক সিমিকে জড়িয়ে ধরে রয়েছে একহাতে আরেক হাত দিয়ে হাওয়ায় এলোমেলো হয়ে যাওয়া চুল চেপে ধরল। চোখের সামনে দিয়ে চলমান কত ছবি কিছুই ছুঁয়ে যাচ্ছে না তেমনভাবে। সামনেই এক বাড়ির পাঁচিলে একটা এক শালিখ বসে, সেদিকে তাকিয়েই চোখ সরিয়ে

নিল। এই প্রথম মন দুর্বল হয়ে গেল এক শালিক দেখে। একটি বাচ্চা ছেলে তার বাবার কোলে চেপে স্কুলের বাস ধরবে বলে যাচ্ছে। দীপকের বুকের ভিতরটা কেমন ফাঁকা হয়ে গেল। বাবা সাইকেলে করে স্কুলে দিয়ে আসত প্রথমদিকে। তারপর দুই ভাই একসাথে খাঁচা গাড়িতে স্কুল যাওয়া। কত কষ্ট করে বাবারা তাদের সন্তানদের বড়ো করে। বাবার জন্য দীপক সে হিসেবে কিছুই করেনি। বছরে একবার দু-বার তারা ছেলের ফ্ল্যাটে এসে থাকে কিন্তু বেশিদিন নয়। তাদের নিজেদের গাছ-গাছালি দিয়ে ঘেরা বাড়িটাই টানে বেশি। সেখানে দীপন তার পরিবার নিয়ে থাকে। দীপন রোজ বারাসাত থেকে ডালহৌসি যাতায়াত করে। দীপক পারত না, অনেক রাত হয়ে যেত ফিরতে ফিরতে, বাড়িতে বউ-বাচ্চাকে সময় দেওয়া যায় না। যাতায়াত সময় খেয়ে নেয়, তাছাড়া অলকার বাপের বাড়ি ঢাকুরিয়া বলে অলকা দক্ষিণ কলকাতার উপর একটু বায়াস্ড। তার মতে সমস্ত ভালো স্কুল দক্ষিণ কলকাতায়, মেয়েদের পড়াশুনা ভালো হবে। তাও ওরা প্রায় দশ বছর বারাসাতে ছিল। পরে অলকা একটা বেসরকারি ব্যাঙ্কে চাকরি পেয়ে যাওয়ায় প্রথমে বালিগঞ্জে ভাড়াতে ছিল, পরে নিজেদের ফ্ল্যাট হয়। অমিয়র প্রচণ্ড আপত্তি ছিল যে বাড়ির বউ চাকরি করবে। ঘরোয়া মেয়েই তার পছন্দ। ছেলের বিয়ে নিজেই পেপার দেখে দিয়েছিলেন, তখন অলকা সবে

এমকম পাশ করে ঘরে বসে আছে। ভেবেছিল বাচ্চাকাচ্চা হয়ে গেলে আর চাকরির ভূত মাথায় থাকবে না। কিন্তু অলকার জেদের কাছে হার মানতে হয়েছিল অমিয় আর মায়াকে। দীপক ভাবছে এই তো সেদিন বাবাকে দেখে এল সাদা নীল চেক লুঙ্গি আর সাদা ফতুয়া পরে দাঁড়িয়েছিল, আর গেট ধরে বলেছিল, "গাছের আমে পাকা রঙ ধরেছে, লিচুও পাকবে পাকবে করছে, জামরুল সব কাকে খাচ্ছে, পপিদিদিভাই, সিমিদিদিভাইকে নিয়ে আসিস। ওদের জন্যই তো এত কিছু। ওরা বাগানে হুটোপুটি করবে, আম কুড়োবে, লিচু পাড়বে, তাড়াতাড়ি নিয়ে আসিস। নয়তো খানিক পাখিতে ঠুকরাবে, খানিক পাড়াপড়শি খাবে, আর খানিক চোরের পেটে। দুপুরে আজকাল ঘুমাই না, তাহলে সব পেড়ে নিয়ে যাবে।"

দীপক বাড়িতে ফিরেই বলে দিয়েছিল যে আগামী শনিবার আমরা সবাই যাব। নাচের স্কুল, গানের স্কুল, আঁকার স্কুল সব গোলি-মারো। অলকাও আম খেতে খুব ভালোবাসে বলে হ্যাঁও করে দিয়েছিল। কী থেকে যে কী হয়ে গেল ভাবলেই বুক দুরুদুরু করে ওঠে। আজ দিব্যি টের পাচ্ছে বাবা কতটা জুড়ে আছে, কিন্তু দীপক কোনোদিনও তা প্রকাশ করেনি। কিন্তু কেন করেনি? অলকার ভয়ে? না,

অলকা অতটা অর্থডক্স নয়। নিজেই পারেনি, বা ভেবেছে এ প্রকাশ করার কী আছে?

সারদা সেবাসদনের সামনে গাড়িটা থামতেই অলকা আর দীপক ছুটে গেল রিসেপশনে। দীপন আর শৈবাল ম্লানমুখে বসে আছে। দীপককে পেয়ে হাউহাউ করে কেঁদে উঠল দীপন। অলকা পাশে দাঁড়ানো শৈবালের কাছে নীচু স্বরে সব জানতে চাইল। একটু পরে দীপনের ডাক্তার বন্ধু বিশাল এসে গিয়ে অমিয়কে চেকআপ করে বলে দিল, “আরে, ভয় পাস না। কাকুর চেস্ট ইনফেকশন হয়েছে। আমি মেডিকেশন চালু করে দিয়েছি। সব ঠিক হয়ে যাবে। এর মধ্যে কি সুগার টেস্ট করানো হয়েছিল?” দীপন জানিয়ে দিল প্রতিমাসে তার মায়ের আর বাবার সুগার, প্রেসার সব চেক করে নেওয়া হয়। অমিয়র সব ঠিকঠাক ছিল সেই তুলনায় বরঞ্চ মায়ের একটু হাই ছিল। দু-দিন হয়ে গেলেও অমিয়র শরীরের কোনও উন্নতি হচ্ছে না দেখে আবার নতুন করে একগাদা টেস্ট হলে বিশাল বলল, “কাকুর নিউমোনিয়া হয়েছে রে। আমরা ট্রিটমেন্ট চালু করে দিচ্ছি। তার মধ্যেই কাল স্যার সিঙ্গাপুর থেকে চলে আসবে। উনি দেখলে দেখবি সুস্থ হয়ে উঠবেন কাকু।” অলকার একটু খটকা লাগে। “আচ্ছা, বিশাল ওনার সব টেস্ট রিপোর্ট কেমন? বুকের এক্সরে করা

হয়েছে? ওনার কন্ডিশনটা ঠিক কেমন? কোলকাতার নার্সিংহোমে শিফট করানো যাবে? আসলে একইরকম রয়েছে কিনা? কোনো ইম্প্রুভমেন্ট দেখছি না তো।”

মুখটা গম্ভির হয়ে যায় বিশালের। তখন আর সে দীপনের বন্ধু নয়, একেবারেই প্রফেশনাল অ্যাটিটিউড। “ডিটিরিওরেট তো করেনি, তাই না? ওনার অনেক বয়স হয়েছে, তার উপর ডায়াবেটিক। ইমিউনিটি খুব কম, স্লো ইম্প্রুভ করবেন। আপনারা বউদি যদি ট্র্যান্সফার করতে চান পেশেন্টকে নিয়ে যান বন্ডে সই করে। কিছু একটা হয়ে গেলে দায়িত্ব আমাদের নয়।”

দীপন এমনভাবে অলকার দিকে তাকাল যেন সে গর্হিত অপরাধ করে ফেলেছে, এমনকি তাদের বাবাকে খুন করে ফেলেছে। রাত্রে বাড়ি ফিরে সবাই মিলে চেপে ধরেছে অলকাকে। মায়া হুঙ্কার দিয়ে, “কী ব্যাপার অলকা, তুমি কি চাও তোমার শ্বশুর আর বাড়ি না ফিরুক? তুমি স্বার্থপর জানি, কিন্তু এসময়ে মানুষ অন্যরকম আচরণ করে।”

“আমি তেমন কী বলেছি? আমি তো আরো বেটার ট্রিটমেণ্টের জন্য অন্যত্র নিয়ে যাওয়ার কথা বলেছি। এতে আপনারা স্বার্থপরতার কী দেখলেন?”

"হ্যাঁ, তোমার এই জলজঙ্গলে অসুবিধে হচ্ছে তাই কলকাতায় নিয়ে গেলে তোমার সুবিধা। অফিস থেকে ফেরার পথে বিকেলে একবার মুখ দেখিয়ে আসতে পারবে। লোকজন তোমায় ধন্য ধন্য করবে। আমরা ওখানে গিয়ে তোমার আশ্রয়ে হাততোলা হয়ে থাকব। তুমি সবেতেই খুব হিসেবি তো। এমন নামকেনার সুযোগ হাতছাড়া করতে চাও না, এই আর কী!"

অলকা দেখল এদের সাথে বৃথা তর্ক করা। এরা আরবুঝো মানুষ। থাক, সে আর কিছুই বলবে না। এদিকে চারদিনে অনেক বিল হয়ে গেছে কিন্তু পেশেন্টের কোনো উন্নতি নেই। বিশালকে সেই কবে থেকে দেখছে অলকা, এই বাড়িতে এসেছে, খেয়েছে, আড্ডা দিয়েছে কিন্তু সে এই কথায় এত গম্ভীর হয়ে গেলই বা কেন? অলকা কী এমন খারাপ কথা বলেছে? নিজেই ভাবছে আর এদের কোনো কথার মধ্যেই থাকবে না। দরকার হলে কাল দুপুরে শিবাকে আসতে বলবে। মেয়েদের নিয়ে চলে যাবে।

সকালে উঠে মায়া ফুল তোলে, তারপর পুজোতে দু-ঘণ্টা ব্যয় করে। তারপর ছেলেদের সাথে চা খেতে খেতে গলা জড়াজড়ি করে পুরোনো কথা বলে বলে কাঁদে। এমন শোকের আবহ তৈরি হয় যে ছেলেরাও কাঁদতে থাকে। অলকা আর দীপনের বউ লিপি অবাক হয়ে তাকিয়ে থাকে। সিমি, পপি, বুলান, বাবুনরা দোতলার ঘরে বসে

২৯

থাকে চুপ করে। দীপকরা দুই ভাই রুটি তরকারি খাচ্ছিল। মায়া আজকাল একসাথে জলখাবার খাইয়ে দেন, ভাত মেখে খাইয়ে দেন ছোটোবেলার মতন। দুই বউয়ের চোখে প্রচণ্ড আদিখ্যেতা হলেও চুপ করে থাকে তারা। সে-সময় ল্যান্ডফোন বেজে ওঠে। অলকা এগিয়ে গিয়ে ফোন ধরে। তারপর হু হা শোনা যায়। দীপকের গলার কাছে রুটি আটকে যায় কোনোরকমে জল দিয়ে গিলে ফেলে, "কী গো? কার ফোন?" অলকা একটা শ্বাস ফেলে, "নার্সিংহোম থেকে ফোন। বিশাল করেছিল। ওদের স্যর এসে দেখেছেন। আবার এক্সরে করা হয়েছে। আগের এক্সরেটা ক্লিয়ার ছিল না। বাবার লাং-এ টিউমার আছে। এখুনি যেতে বলল।"

কেঁপে উঠল দীপক। দাঁড়িয়েছিল আবার চেয়ার ধরে বসে পড়ল। "দাদা, ক্যান্সার না কি রে?" হাহাকার করে কেঁদে উঠল দীপন। "আমরা বোধহয় আর বাবাকে ফিরে পাব না মা," দীপকের চিৎকারে অলকা ধমক দেয়। "কী ব্যাপার তোমরা এইভাবে না কেঁদে আগে চিকিৎসার ব্যবস্থা কর। চল আমিও যাব। লিপি, তুই মাকে আর ঘর সামলে নে।"

"আপনার বাবা কি স্মোক করতেন?"—গম্ভীর মুখে ডক্টর জিজ্ঞাসা করলেন। এতটাই ঠান্ডা গলা অনেকটা সিনেমায় দেখা সুপারি কিলারের মতন যে অলকাও কেঁপে উঠল।

"ওই একটু আধটু," দীপন মিনমিন করে বলে উঠল।

"একটু আধটু বলে তো কিছু হয় না, ইয়েস অর নো?" কেমন চিবিয়ে চিবিয়ে উচ্চারণ।

অলকা একটু স্মার্ট হওয়ার চেষ্টায়, "ডক্টর অপারেট কি করতেই হবে? আসলে বাবার বয়সটাও তো একটা ফ্যাক্টর। সেভেন্টি ফাইভে কি এই ধকল নিতে পারবেন? ওষুধে কিছু হবে না?"

"ওনার সুগার লেভেল নর্মাল, প্রেশারটা একটু বেড়েছে সেটা ওষুধে নর্মাল হবে। অপারেট করা যাবে না। সেরকম এক্সপার্ট ডক্টর এখানে নেই। এমন নয় যে লাং কেটে বাদ দেওয়া যাবে। কেমো দিতে হবে। যে ফ্লুয়িড জমেছে তা আগে বের করতে হবে। একটা ক্যাথিটার ফিট করে দেওয়া হবে। কেমো ট্রাই করতে হবে। নয়তো ক-দিন পর পর শ্বাসকষ্ট উঠবে আর নার্সিংহোমে আসতে হবে। কে কতদিন বাঁচবে তা তো আর আমার হাতে নেই, আমরা ট্রাই করতে পারি মাত্র।"

"আচ্ছা, সব টিউমার কি ক্যান্সার?"

"আমরা বায়োপ্সি করতে দেব। তাতেই সব জানা যাবে। এখুনি কিছু বলা যাবে না। কাল শুনলাম কাশির সাথে ব্লাড বেরিয়েছে। আগেও কি এমন হয়েছে?"

"একবার হয়েছিল কিন্তু ফ্যারেঞ্জাইটিস বলে ওষুধ দিয়েছিল তাতে বাবা ভালোই ছিল।"

"এই তো আপনাদের নিয়ে মুশকিল। তা কতদিন আগে?"

"দু-মাস আগে। আমি ডক্টর দত্তর কাছে নিয়ে গেছিলাম।"

"উনি এক্সরে, স্পুটাম টেস্ট করিয়েছিলেন?"

"না তো!"

"এসব না করেই বলে দিলেন ফ্যারেঞ্জাইটিস? স্ট্রেঞ্জ! ওনার জেল হওয়া উচিত। বিশাল তোমরাই বা কী? ভালো করে এখনো রোগী দেখতে জানলে না? পাঁচদিন ধরে নিউমোনিয়ার ওষুধ দিলে? এইজন্য পশ্চিমবঙ্গের লোকজন ভেলোর বা ব্যাঙ্গালোরে ছুটছে। এই যে শুনি মাঝে মাঝে ডাক্তাররা বেধড়ক মার খাচ্ছে তা অনেকটাই তোমাদের ইরেস্পন্সিবল বিহেভিয়ারের জন্য।"

বাড়ির পরিবেশ থমথমে। এই ক-দিনে বিল দেড় লাখ ছাড়িয়ে গেছে। অমিয়র কোনো হেলথ ইন্সিওরেন্স করা নেই। সবসময়ে বলত শরীরের নাম মহাশয় যা সওয়াবে তাই সয়, আমরা অনেক স্ট্রং আছি এসবের কী দরকার? বছরে একবার পুরো হেলথ চেকআপ করা প্রয়োজন বলেও অলকা এদের বোঝাতে পারেনি। মায়ার আবার অলকার এই স্বভাবকে মাতব্বরি মনে হত। অপারেশনে করা যাবে না কিন্তু এমন নার্সিংহোমে প্রচুর খরচ। দুই ভাই বসেছে কীভাবে খরচ করা হবে? অলকা একবার বলেছিল যে সে কিছু হেল্প করতে চায়। কিন্তু সেসব তারা

শুনেও শোনেনি। রিটায়ার করার পর অমিয় ফাঁদিয়ে দোতলা করেছে, মার্বেল মেঝে করিয়েছে। টাকাপয়সা আর কীভাবে আছে ছেলেরা কোনোদিন জানতে চায়নি। পেনশন ভালোই পায়, তাকে কাউকেই আগে একটা টাকাও দিতে হয়নি। দুই ছেলের বিয়েতে পুরো খরচ উনি করেছেন। নাতি ও নাতনিদের অন্নপ্রাশনের খরচও তার। প্রতিবার, পূজা তো আছেই তাছাড়া নববর্ষ, ষষ্ঠীতেও সবাইকে জামাকাপড় দেয়। আত্মীয়স্বজন, প্রতিবেশীদের, বন্ধুবান্ধবদের বাড়ীর উৎসব-ব্যসনে যত লৌকিকতা সব অমিয় নিজের থেকেই করে।

দুটো কেমো দেওয়ার পর অমিয়র মাথা ঘোরা, বমি বেড়ে যায়। তাছাড়া ক্ষুদামান্দ্য, কন্সটিপেশনে জেরবার অবস্থা। শ্বাসকষ্ট কমলেও ওনার বয়স মনে হচ্ছিল চিকিৎসার বাঁধা হয়ে দাঁড়িয়েছে। যা হিতে বিপরীত হল, তা একদিন প্রবল অসুস্থ হয়ে অমিয় কোমায় চলে গেল। মায়া এসব শুনে প্রথমে চিৎকার করে তারপর ঠাকুরঘরে মাথা ঠুকে ঠুকে ইনিয়ে বিনিয়ে কাঁদল, ছেলেরাও মায়ের সাথে কেঁদে কেঁদে একসা। মায়া মাথা ফুলিয়ে ফেলেছে, লিপি বরফ দিচ্ছে। অলকার বরাবর মন শক্ত। সবাইকে তাই বুঝিয়েছে যে এবার যে যার মতো লাইফে ফিরে আসো। পপির ক্লাস টেন আর স্কুল অ্যাবসেন্ট হওয়া যায় না। সে নিজেও

মেয়েদের নিয়ে বাড়িতে ফিরে এসেছে। দীপন অফিস যাওয়া শুরু করেছে, দীপক ছুটি নিয়ে রয়েছে মায়ের পাশে। হুহু করে জলের মতন জমা টাকা চলে যাচ্ছে। দীপক টিভিতে খবর শুনছিল, খবর শোনা দীপকের একমাত্র হবি। সে চ্যানেল থেকে চ্যানেলে ছুটে বেড়ায়।

"দাদা, আমার তো ভাঁড়ার শূন্য। ডক্টর বলছিলেন বাড়ি নিয়ে আসতে। ওখানে বেড-চার্জ প্রচুর। বাড়িতেই ট্রেইন্ড নার্স রেখে দিতে হবে।"

"আমারও তো সেই একই অবস্থা। তুই তো তাও এই বাড়িতে থাকিস। ইএমআই দিতে হয় না। আমার বাড়ি, গাড়ির লোন, তাছাড়া পপি, সিমির স্কুলের প্রচুর টাকা। আমিও ভাবছি বাড়িতেই নিয়ে আসা হোক।"

"বাবার পেনশন যা আছে তা দিয়ে সব খরচ সামলানো যাবে না। তুই কত দিতে পারবি? বউদিও তো চাকরি করে। আমার তো একার চাকরি প্লাস আমারও দুটো বাচ্চা।"

"আরে, তুই জানিস না পপির জন্য চারটে টিউশন প্লাস অ্যাডভান্স কোর্সটাও করছে আকাশ ইন্সটিটিউটে। যদি মেডিকেলে পেয়ে যায় আমার খরচটা বুঝতে পারছিস? তোর বউদির টাকা কী আর এমন! ওতে বিশেষ কিছুই হয় না। এই আমাদের কিছু লাকজারি ছাড়া।"

"তাহলে বাবাকে বাড়িতে এনে ফেলে হাত ঝেড়ে ফেলতে চাস? একে তো দূরে থাকিস গতরে কিছুই করতে হবে না। মাকে কে দেখবে? লিপি বাচ্চা সামলাবে, না বাবাকে দেখবে, না মাকে?"

"দেখ, তোর বউদি বলছিল একজন প্রথমে ট্রেইন্ড নার্স রেখে দিতে আর তার সাথে আয়া সেন্টার থেকে আয়া। আয়া ভালো করে নার্সের থেকে সব দেখে বুঝে নিলেই দেখবি আস্তে আস্তে ও সব পেরে যাবে। আমি তো শুক্রবার করে চলে আসব অফিস থেকে আবার সোমবার এখান থেকেই অফিস যাব।"

"হ্যাঁ, তুই চিরকাল সুখের পায়রা কিনা আর তার উপর বউ যা বলবে তাই শুনবি।"

"তুই অত ভাবছিস কেন? একটা নার্স আর একটা আয়া রাখলে এদিকটা ওরাই সামলে দেবে, কেন যে খামকা ভয় পাচ্ছিস? চল, আমরা বাবাকে আনার ব্যাবস্থা করি," মনে মনে রেগে গেলেও মাথা ঠান্ডা রাখার চেষ্টা করল দীপক।

অমিয়কে নিয়ে আসা হলে মায়া ওর বুকের উপর মাথা রেখে ঝাঁপিয়ে পড়ে, "ওগো সুস্থ মানুষটা গেলে আর কী হয়ে ফিরলে। একবার চোখ খোলো, তাকাও, মায়া বলে ডাকো। আমি দেখি আমার সিঁথির সিঁদুরের জোর কেমন?

৩৫

এত ব্রত করেছি, এত উপোস করেছি সব বৃথা করে তুমি চলে যেও না।" ছেলেরা মাকে সরিয়ে নিয়ে গেল। অলকা ভাবে যে এরা এত সব ব্যাপারে লাউড কেন? সবসময় নাটক চলতেই থাকে। ঘরের মধ্যে চিত্র-বিচিত্র মেশিন, নল, আর একজন অর্ধমৃত মানুষ। দিন হয় আবার রাত আসে, এভাবে মাস পার হয়ে যায়। অমিয়র কোনো উন্নতি নেই। নেতিয়ে পড়ে আছেন। দীপক আসে, অলকা আসে। অলকা বুঝতে পারে দিনদিন বাড়ির হাল হকিকত খারাপ হতে চলেছে। মায়া প্রতিদিন এসে সকালে একবার দাঁড়ান, দেখেন কিন্তু কাছে যান না। অসম্ভব বাজে গন্ধ ঘর জুড়ে। কিছুটা ওষুধের, কিছুটা বেড সোরের আর তার সাথে ফিনাইল, রুম ফ্রেশনার, নেপথলিন, কর্পূর। সবকিছু মিলেমিশে গন্ধটা এত প্রকট যে অলকার বমি চলে আসে। অলকা আসার সময় চন্দন ধুপকাঠি কিনে আনে, উপরের তলায় জ্বালিয়ে বসে। এই রোগ রোগ গন্ধটা সহ্য করে থাকা কি চাট্টিখানি কথা! লিপির কথা, বাচ্চাদুটোর কথা মনে হয়ে অলকার মন খারাপ হয়ে যায়।   মায়া রোজ রাতে শুতে যাওয়ার আগে একবার এসে দাঁড়ায়। চুপ করে খানিক তাকিয়ে থাকে অমিয়র দিকে।

মায়ার আজকাল রাতে ঘুম হয় না। নীচের তলার এঘর ওঘর ঘুরে বেড়ান। কেন জানি মায়ার মনে হয় রাতেই মানুষ মারা যায়। তার বাবা মা, শ্বশুরবাড়ির সবাই রাতেই

মারা গেছেন। মায়া কখনো রাতেই বা সাতসকালে খবর পেয়ে ছুটেছে। বাইরের স্ট্রিটলাইটটা কাচের জানালায় এসে কেমন একটা আলো-আঁধারের মায়া তৈরি করেছে। জানলার সামনের ঝুপ্পুস কামিনী গাছটার ছায়া কাচ ছুঁয়ে মেঝের উপর কেমন জমাটবাঁধা অন্ধকার বানিয়েছে মায়ার পায়ের কাছে। মায়া ঘরের চারদিক দেখতে দেখতে ভাবে কতদিন হল এই বাড়িতে বিয়ে হয়ে এসেছে? অলকা চেঁচামেচি করছিল একদিন যে খুব ধুমধাম করে অমিয় মায়ার পঞ্চাশ বছরের বিবাহবার্ষিকী পালন করবে। অমিয় প্রশ্রয়ের হাসিও হেসেছিল। মায়া অমিয়কে এই একটা ব্যাপারে বুঝতে পারে না। অলকাকে কোথায় যেন অমিয় সমীহ করে। ড্রয়িংরুমে আলমারিতে কত বই, মায়া ছুঁয়েও দেখেনি। বই চোখের সামনে ধরলেই ঘুম এসে যায়। কোনো গল্প শুরু করলেও শেষ করতে পারেনি। এই তো কত ওনার বন্ধুবান্ধব আসত, কত কথাবার্তা, তর্কে আসর গমগম করত। মায়ার কাজ ছিল একটু আধটু বসে শোনা আর চা বানানো। চায়ের সঙ্গে টা হবে না তা তো নয়, কিছু না কিছু বানাতে ব্যস্ত থাকত। অনেকদিন আগে এসেছিলেন আগরপাড়া থেকে মনোময় তার স্ত্রীকে নিয়ে। মনোময় অমিয়র একেবারে বাল্যকালের বন্ধু। তখন মনোময়ের মা বিছানা নিয়েছেন বহুদিন, প্রায় চার বছর। তখন তো এত আয়া-টায়া পাওয়া যেত না, এখনকার

৩৭

মতন চারদিকে এত আয়া সেন্টার গড়ে ওঠেনি। বাড়ির কেউ বিছানা নিল মানেই সেই বাড়ির বউ সব করবে। সে খাওয়ানো দাওয়ানো থেকে গু-মুত পরিষ্কার পর্যন্ত। শিপ্রা এসেছিল মনোময়ের সাথে। শিপ্রার সে কী শরীরের হাল, রোগা হয়ে গেছে, হনু বেরিয়ে গেছে, চোখের তলায় কালি। মনোময়ের বড়দি এসেছিল বলে ওরা কিছুক্ষণের ছুটি নিয়ে এসেছিল। অমিয়র অনুরোধে একটা রাত কাটিয়েছিল ওরা। শিপ্রা কোনো কথাই বিশেষ বলেনি, খালি ঘুমিয়েছে। বলেছিল যে এমন নিশ্চিন্তের ঘুম সে দীর্ঘ চার-বছরে ঘুমায়নি। আজ তো আয়া আছে বলে মায়া ইচ্ছে করলেই ঘুমাতে পারে, কিন্তু ঘুম আসেই না। ঘুমের ওষুধ খায় না ইচ্ছে করেই। নীল ডিম আলো জ্বলছে, বিছানায় যেন এক কঙ্কাল শুয়ে আছে। মায়া দরজা ধরে তাকিয়ে থাকে অপলক। দীর্ঘশ্বাস বেড়িয়ে আসে। সেদিন মনোময়রা যখন কথা বলছিল, কাজ করতে করতে মায়া শুনতে পাচ্ছিল যে ইচ্ছেমৃত্যু কি নরকে গমন? মনোময়ের মা যেমন বাঁচতে চান না, এই দেহ বয়ে বেরিয়ে কি লাভ? কিন্তু মনোময় কীভাবে মাকে মুক্তি দেবে? অমিয় বারবার বলছিল যে এটা সরকার থেকে আইন করা উচিত যে একটা বয়সের পর রোগে ভোগে জর্জরিত দেহ থেকে মুক্তি। আত্মহত্যা মহাপাপ কিন্তু এত ভুগে-ভুগে কষ্ট পাওয়া। আর শুধু কি তাই? বাড়ির সচল লোকগুলোর

শান্তি বিঘ্নিত করা, তাদের হাসতে ভুলিয়ে দেওয়া যেন মহা অপরাধ। জীবন তো চলার নাম, সেখানে যদি অল্পবয়সের আনন্দ, হাসি গান থেমে যায় চলবে কেন? শিপ্রাবউদির কথা তুলে বলেছিল যে ওকে দেখে রাখতে। যে জীবন যৌবন চলে যাচ্ছে শিপ্রা বউদির, এটা যেন মনোময় একটু ভাবে। সত্যি শিপ্রা বেশিদিন বাঁচেনি। যখন একটু ঘুরে বেড়াবে, ছেলেরা বড় হয়ে গেছে আরাম করবে সেই সময়ে অকালে চলে গেছিল। মনোময় এখন পন্ডিচেরিতেই থাকে পাকাপাকিভাবে। ছেলেদের কাছে বোঝা হবে না এই তার ভাবনা। তাহলে মায়া আর অমিয় কি ছেলেদের কাছে বোঝা? সত্যি তো বড়টা প্রতি শুক্কুরবার করে আসে, বাবা মাকে সময় দেয়। ওর ফ্যামিলিও তো সারা সপ্তাহ সেভাবে পায় না। মায়ার যে এখন কী করণীয়? বড়োছেলে আসে বলেই ছোটোছেলে বউ বাচ্চা নিয়ে একটু এখান ওখান যেতে পারে। এই তো ওদের বিবাহবার্ষিকীতে বাইরে খেতে গেল। পার্সেল এনেছিল দাদার জন্য। একটা দমধরা পরিবেশে হালকা হাওয়া। কিন্তু কেন মায়ার মনে হচ্ছে অমিয়র জন্য বাড়ির সেই আলো আলো পরিবেশ নষ্ট হয়ে গেছে। ছেলেরা জলের মতন টাকা খরচ করছে কিন্তু ওদেরও নিজস্ব জীবন কি এলোমেলো হচ্ছে না? সেদিনের আলোচনা শুনে মনে মনে রাগ হয়েছিল মায়ার যে কি সব বাজে কথা

আলোচনার বিষয়রে বাবা। কিন্তু সেদিনের কথা থেকে তো এটা পরিস্কার যে অমিয় ইচ্ছামৃত্যুর সমর্থন করেন। কিন্ত এখন অমিয়কে কী করে জিজ্ঞাসা করবে মায়া? অমিয়র তো জ্ঞান নেই, কত রাতে দরজা ধরে দাঁড়িয়ে থাকে আর ভাবে এই বুঝি অমিয় উঠে বসবে।

"দাদা, আজ আয়া আসেনি, বুঝলি?"

"আয়া সেন্টারে ফোন করে নে, ওরা অন্য আয়ার বন্দোবস্ত করে দেবে।"

"ব্যস, তুই তো বলেই খালাস। এদিকে রান্নার লোক তিনদিন আসছে না। বুলানের জ্বর হয়েছে। মা তো দিনরাত ঠাকুরঘরেই পড়ে আছে।"

"মাকে বল না রান্নাটা করে নিতে, মা কদিন আগেও তো নিজেই রান্না করত। কবে থেকে আবার রান্নার লোক রাখলি?"

"রান্নার লোক শুধু তোদেরই থাকবে? আমার বউটা বানের জলে ভেসে আসা তো। বাবার আর মায়ের ছোঁয়াছুঁয়ি বাতিকের জন্য এতদিন রাখা হয়নি, কিন্তু আমি মাকে বলে দিয়েছি আর কোনো কথা নয়। লিপিরও রেস্ট দরকার।"

"আমি কি বলেছি লিপির রেস্টের দরকার নেই? এতদিন তো মা রান্না করত আর বাবা যোগান দিয়ে দিত হাতে হাতে। লিপি কী আর করত? এসব আমাকে আর গল্প

করিস না। মায়ের কাছে মাসির গল্প করে কী লাভ? এখন ফোন রাখ। বরঞ্চ আয়া সেন্টারে ফোন কর।" অলকা ভাবে যে দীপক অনেক ঠান্ডা মাথায় দীপনের তানা সহ্য করে, কিন্তু আর ক-দিন সহ্য করতে পারবে কে জানে? যেহেতু দীপক সশরীরে থাকতে পারে না তাই ভাইয়ের ঠেস-মারা কথাগুলো সহ্য করে নেয়। এমনিতেই দীপক খুব কুল থাকতে পারে কিন্তু বাবার ব্যাপারে অবসেসড হয়ে আছে। দীপন আগে দাদা, বাবা যা বলত তাই শুনত কিন্তু আজকাল সহনশীলতা হারিয়ে ফেলছে। অলকা বুঝতে পারে বাড়িতে একজন রুগী থাকলে বাড়ির অবস্থা কী হয়। অমিয় ছিলেন একটা বিশাল ছাতার মতো, সেটা সরে গেছে হঠাৎ একদিন। সেই রোদ, জলের ঝাপটা করে মানিয়ে নেওয়া কঠিন হচ্ছে দুই ভাইয়ের কাছেই।

মহালয়ার আগের দিন সকাল সকাল দীপক পৌঁছে যায় অলকাকে সঙ্গে নিয়ে। পাঁচ মাস হয়ে গেল প্রায়, সামনেই দুর্গা পূজা তাই অলকা এসেছে বাচ্চাগুলোকে নিয়ে একটু শপিং-এ যাবে। নার্স ছাড়িয়ে দেওয়া হয়েছে। এত খরচ আর করা যাচ্ছে না। মাঝেমাঝেই দুই ভাইয়ের মধ্যে তিক্ততা দেখা দিয়েছে খরচ নিয়ে। অলকা অনেকটা সামাল দিলেও আজকাল দীপনের মাথা গরম থাকে।

অলকা ভাবে বাড়িতে যখন দীপন থাকে টেনশন ওর তো বেশি হবেই। বাচ্চাগুলোকে এমনভাবে থাকতে হয় কাঁচুমাচু হয়ে যেন চুরির দায়ে ধরা পড়েছে। সত্যি তো, একটা গণ্ডিবদ্ধ জীবনে কত আর ভালো লাগে। তাও লিপির নয় বাপের বাড়ির সেরকম টান নেই। এক ভাই আছে, সে-ও বিদেশে সেটেলড। ওর কোথাও যাওয়ার নেই, সিনেমা নেই, নাটক নেই, গান নেই, এভাবে সত্যি খুব কষ্ট। অলকা সন্তোষপুরের ফ্ল্যাটে নিজের বাবা মাকে এনে রেখেছে। পপি, সিমি আছে ওখানেই। পপির এখন টিউশন ক্লাস মিস করা চলবে না, ক্রুসিয়াল পিরিয়ড। সিমির নাচের পরীক্ষা আছে। অলকা লিপি, বুলান, বাবুনকে নিয়ে পূজার বাজার করতে গেল। অলকার খুব খারাপ লাগছে এই ভেবে যে শ্বশুরমশাই সুস্থ থাকলে ঠিক তাদের সাথে এই পূজা শপিং-এ যেতেন। তার নাতি-নাতনিদের জামাকাপড় নিজে হাতে কিনে দিতেন। অলকা ঠিক করেছে শ্বশুরমশাইয়ের নামেও এক সেট কিনে দেবে। বাচ্চারা হইহই করে ঢুকেছে দোতলার ঘরে।

"বাবা, আজ খুব মজা হয়েছে জ্যাম্মার সাথে। আমরা জামাকাপড় কিনেছি, পিজা খেয়েছি, আইসক্রিম খেয়েছি।"

"হ্যাঁ, খুব ভালো করেছ। তোমার জ্যাম্মা একদিন এসে পিরীত দেখিয়ে যেতেই পারে। সবসময় আমরা যে কী পজিশনে আছি, তার খবর কে রাখে?"

"আহা! দীপন কী হচ্ছে? অলকা একটু ওদের দমধরা পরিবেশ থেকে বাইরে নিয়ে গেল, আর তুই ব্যাকা-ত্যারা কথা বলছিস? তুই কি সাইকো হয়ে গেছিস নাকি?"

"হ্যাঁ, হ্যাঁ, এসব তো বলবি। তোর জন্য গুমরে গুমরে বাবা এই অবস্থায় চলে গেছে। কম কষ্ট পেয়েছে তুই চলে যাওয়ায়? এই যে এত বড় দোতলা বাড়ি বাবা করেছিল দুই ভাই থাকার জন্য। কিন্তু তুই চলে গেছিস আরামে আয়াসে থাকবি, দায়িত্ব নিতে হবে না বলে। কিন্তু দেখ, ভাগ নেওয়ার বেলা ভাগ নিবি কিন্তু। তখন নিজেরটা ছাড়বি? আর এই বাড়ির সমস্ত হ্যাপা পোহাই আমি"।

"এই শোন আজ বাবা অসুস্থ বলে তুই ভুলভাল কথা বলে আমায় সবসময় অপমান করবি আর আমি তা মেনে নেব তা কিন্তু নয় বুঝলি? এই বাড়ি মাই ফুট! তুই নে তুই ভোগ কর। মা বাবা না থাকলে আর আসবই না শালা। এখন থেকেই এসব মাথায় ঢুকেছে। বাপ এখনো মরল না, ওর খালি ভাগে কী কম পড়বে তাই শোনাচ্ছে।"

"ওইরকম ঢপের কথা অনেক শুনেছি, আর তুই কোথাকার হরিদাস পাল? বাড়ির ভাগ নেবে না। দেখব দেখব।"

"এখুনি আমি সই করে দিচ্ছি, দে, স্ট্যাম্প পেপার নিয়ে আয়। আমি বাড়ির ভাগ চাই না। আর তুই কী করেছিস বে—সব বাবা করত বাবার টাকায়। তুই বরঞ্চ মস্তি

৪৩

করেছিস, তুই এই বড়ো বাড়ি ভোগ করিস, বাবার টাকায় সংসার চলে, বাবার টাকায় বাড়ি সারানো হয়, আমি যেন জানি না! একটা টাকাও তুই সংসারে দিস না, খালি শেয়ার কিনছিস। আমি খোঁজ রাখি না নাকি? সামনে আবার শালার কাছে সিঙ্গাপুর যাবি, বিদেশ ভ্রমণ হবে।"

"এই একদম মুখ খারাপ করবি না। এস্কেপিস্ট।"

"মেরে একেবারে মুখ ভেঙে দেব শালা, আমার সাথে ইতরামি ঘুচিয়ে দেব।"

"এখন আমি ছোটো নেই যে তুই মারবি আর আমি মার খাব। আমিও মারতে পারি। আমি হাঁক পারলেই যারা আসবে তোর ঠ্যাং এমন খোঁড়া করবে না যে তুই আর এমুখো হবি না।"

"এসব কী দীপন? আর দীপক তুমি চুপ করবে? এ কী! বাচ্চারা কী দেখছে? কী শিখছে? বাপ-জ্যাঠা আকচা আকচি করছে, মুখ খারাপ করছে। ছিঃ ছিঃ!"— অলকা রাগে বেশ জোরেই কথা বললে চুপ হয়ে যায় দুই ভাই। দরজা ধরে দাঁড়িয়ে ছিল মায়া, নুয়ে পড়েছে তার তনুখানি। মুখের বলিরেখায় অসহায়তা। বাচ্চা দুটো জামাকাপড় দেখাবে বলে প্লাস্টিকের ব্যাগগুলো নিয়ে এসেছিল সেগুলো ধরে মুখ চুন করে বসে আছে। লিপি ঠান্ডা চরিত্রের। কম কথা বলার মানুষ, সে হতবাক হয়ে চেয়ার ধরে দাঁড়িয়ে নিশ্চল। অলকার কথায় সম্বিত ফেরে

সবার। মায়া নাতি-নাতনির জন্য আনা জামাকাপড় দেখতে দোতলায় উঠেছিল, ছেলেদের কাজিয়া দেখে স্তম্ভিত হয়ে গেছে। আস্তে আস্তে সিঁড়ি দিয়ে নেমে যাচ্ছেন চুপচাপ। অলকা ভাবছে বাবা যতদিন সুস্থ ছিলেন মায়ের সেকি প্রতাপ, বাবার কাছে নানা কিছুর আবদার অলকার মনে হত কোথাও যেন একটু ন্যাকা টাইপের, কিন্তু আজ মনের ভিতর মায়ার জন্য একটা কষ্ট ঘুরপাক খাচ্ছে। কলিগদের সাথে, বোনের সাথে এই নিয়ে হাসাহাসিও করেছে কিন্তু আজ খুব খারাপ লাগছিল। একটা মানুষের অসুস্থতা বাড়ির পরিবেশকে এতটা বিষিয়ে দিতে পারে? একটা মানুষের পজিশন হঠাৎ কোথায় নেমে আসে? দুই ভাইয়ের সেই আবেগে ঘুণ ধরেছে কখন যে এতটা ছড়িয়ে গেছে অলকা বুঝতেই পারেনি। আসলে দীপনকে কি পিছনে কেউ উস্কানি দিচ্ছে? আর তাতেই সে বিরক্ত হয়ে আছে দাদার উপর? লিপি খুব শান্ত, চুপচাপ কিন্তু সেই কি এসবের মূলে? উস্কে দিয়ে চুপ থাকে? আসলে পাড়া প্রতিবেশী, আত্মীয় স্বজন আসে, পিতলা দরদ দেখায়, চলে যায়, আর দীপনের মাথা যে তারাও চিবিয়ে খাচ্ছে না এমন বলা তো যায় না।

এসে থেকেই মায়াকে দেখেছে কেমন জড়ভরতের মতন ঘরের এক কোণে বসে থাকে। এক টেবিলে খায় না, ঘরে বসেই খেয়ে নেয়। অলকার সত্যি একসময়ে এদের

আদিখ্যেতা দেখে রাগ হত। ছেলে মোচা, কচু, থোড়, এঁচোড়, নানারকম মাছের পদ খেতে ভালোবাসে বলে একসাথে সব রান্না করে রাখত একেবারে কোর্স কমপ্লিটের মতন। দুই নাতনি পপি, সিমিও তাদের আদুরে ছিল, সে অলকাকে ওরা অতটা পছন্দ না করলেও আত্মীয়স্বজনের সামনে বড়ো মুখ করে বলত যে এখন তো অলকা ব্রাঞ্চ ম্যানেজার হয়ে গেছে। আজকাল বিয়েবাড়িগুলোতে দেওয়া থোয়ার কেনাকাটি সব অলকাকেই করতে দিত। দীপনও অনেক বিষয়ে বউদির পরামর্শ নিত। অলকা, দীপন সমবয়সী বলে নিজেদের মধ্যে তুই-তোকারি ছিল। মায়া প্রথম প্রথম রাগ করলেও ওরা পাত্তা দিত না। ওর বিয়েটা একটু দেরিতে হল। তারপর একসাথে কত জায়গায় বেড়াতে গেছে, আনন্দ করেছে। বুলান, বাবুন কত ভালোবাসে দিদিদের, জ্যাঠাকে, জ্যেম্মাকে। এই সম্পর্কের মধ্যে কী করে এত বিষ লুকিয়ে রয়েছে তা বুঝতে পারে না অলকা। যে যার মত থাকে, খায়, পরে। এতে এত রাগ কীসের? দীপক প্রতি সপ্তাহে বাবা মায়ের কাছে নিয়ম করে আসে। অলকা কোনোদিন মানা করেনি, সিনেমা দেখব বা তোমার সাথেই শপিং-এ যাব বলে বায়না করেনি। এতগুলো বছর ধরে তো এই চলে আসছে। যখনই আসে হাতভরতি জিনিসপত্র কিনে নিয়ে আসে। বাবা অনেক টাকা পেনশন পেত, খুব

অহঙ্কার ছিল তার। ছেলেদের থেকে একটা টাকাও নিত না। দীপকরা বেড়াতে নিয়ে গেছে, সেখানে গেছে কিন্তু নাতনিদের জন্য প্রচুর খরচ করেছে। প্রথমে দু-কামরার ফ্ল্যাট ছিল, তা বেচে তিন কামরার ফ্ল্যাট নিয়েছে দীপক। বাবা মা যাতে আলাদা ঘরে নিজেদের মতন আরামে থাকতে পারে। তারা এসে থেকেছে সামারের ছুটিতে, উইন্টারের ছুটিতে নাতনিদের সাথে থাকবে বলে। ফ্ল্যাটের ইএমআই, গাড়ির ইএমআই, প্লাস মেয়েদের পড়ার খরচ সামলে সত্যি দীপকের আর বেশি দেওয়ার ক্ষমতা নেই। এদিকে বউয়ের টাকা দিয়ে বাবার চিকিৎসা হবে তা দীপক চায় না। এই কোমা থেকে কোনোদিন বাবা বেড়িয়ে আসবে কিনা কেউ জানে না। অলকাকে অফিসের এক কলিগ বলেছিল যে তার এক আত্মীয় পনেরো বছর ধরে কোমায়, নেহাত তাদের বিশাল বিজনেস তাই চলে যাচ্ছে। আজকাল কোমাচ্ছন্ন রুগীর বাড়ির লোকেরা অঙ্গ দান করে দিচ্ছে, তারপর অন্ত্যেষ্টি করে নিচ্ছে। এই কথা অলকা বললে দীপক গলা টিপে ধরবে, শ্বশুরবাড়ির লোকজন শূলেও চড়াতে পারে তাই চুপ করে রয়েছে। বাবা কার না প্রিয় কিন্তু দীপকের বাবার উপর খুব টান, শুধু টান নয় অবসেশনও আছে। প্রতি শুক্রবার ছুটে-ছুটে আসে।

লিপি মুখে মৌরি দিয়ে মৌরির কৌটোটা দীপনের দিকে বাড়িয়ে দিয়ে বলল, "সেদিন ফুলপিসি এসেছিল জানো? আমাকে বলল যে তোমরা কী লাকি যে শ্বশুরের সেবা করার সুযোগ পেয়েছ।"

দীপন মুখে মৌরি চালান করে, "বালের কথা বেয়াইকে বলতে বল। যত আবাল কথা। এদিকে আমাদের ফাটছে। আমাদের লাক ওনাকে দিয়ে দিচ্ছি, বল এসে সেবা করতে।"

" এই তোমার কী হয়েছে বল দেখি ? কথায় কথায় মুখ খারাপ করছ কেন? আজ দাদাকে যা তা বললে কেন বল তো? আমার যা লজ্জা করছিল না। দিদিভাই, দাদা কী ভাবল বল তো?"

"এই সতীপনা কর না তো। তুমিই একদিকে বলবে যে বউদি রোজ সেজেগুজে, লিপস্টিক দিয়ে অফিস যায়, অথচ তোমাকে আমি ওসব দিতে মানা করি। তুমি তাই রাগ কর। আমি কেন মানা করি তা বোঝার ক্ষমতা তোমাদের মতো মাথামোটা বউয়ের মাথায় কি ঢুকবে? বাবার এখন যা অবস্থা লিপস্টিক, রুজ মেখে বেরলে লোকে ছি-ছিক্কার করবে না? হতে বউদির মতন স্মার্ট আর ডিপ্লোম্যাট। সবকিছু দারুণ সামাল দেওয়ার ক্ষমতা রাখে।"

"হ্যাঁ, হ্যাঁ, তোমার বউদি সর্বগুণে গুণান্বিতা।"

"ওইরকম হয়ে দেখাও একবার। খালি হিংসেপনা ছাড়া আর কী জানো? তোমাদের মেয়েছেলেদের যে কত রূপ। সবাইয়ের কাছে তুমি এমন ভাব কর যেন ভাজা মাছ উল্টে খেতে জানো না। আমাকে উস্কে নিজে কেমন চুপটি মেরে থাক, দেখলেই রাগ হয়ে যায়। এই একটু এস তো। মাথা গরম হয়ে গেছে। একটু না হলে ঘুম আসবে না।"

শক্ত হয়ে বসে থাকে লিপি। বাচ্চারা জ্যেম্মার কাছে শুয়েছে। বাচ্চারা জ্যাম্মাকে চোখে হারায়, এও বউদির গুণপনায় মুগ্ধ। চোখ ফেটে জল আসে লিপির। দীপন টেনে নিয়ে ম্যাক্সির ফিতে খুলতে গেলে বাধা দেয় লিপি। দীপন অবাক হয়। লিপি এসব ব্যাপারে খুব বাধ্যের। শুধু বাধ্যের না, দীপনের অনেক সময় মনে হয়েছে লিপি শরীরী খুব আর এই বাঁধনেই দীপনকে বেঁধে রাখতে চায়। দীপন টেনে এনে লিপিকে শুইয়ে দেয়। এই প্রথম দীপনের আদরকে লিপির কেমন অপমান মনে হয়, চোখের কোল বেয়ে গরম জলে বালিশ ভেজে।

মায়া চুপ করে বসে আছে নিজের ঘরের খাটের উপর। মাথার মধ্যে একটাই কথা ঘুরেফিরে আসছে ইচ্ছেমৃত্যু। ইচ্ছেমৃত্যুর কী যেন একটা ইংরেজি নাম বলেছিল ইউথ্যানেসিয়া না কী যেন? মনের মধ্যে মালা জপছে মায়া। কী যেন অমিয় বলছিল যে দু-রকমের ইচ্ছেমৃত্যু

হতে পারে, অ্যাকটিভ আর প্যাসিভ। অ্যাকটিভ — কিন্তু কী করে? কোথায় বিষ পাবে মায়া? তাহলে প্যাসিভ? মায়া বসে আছে পদ্মাসনে। মনের মধ্যে তুমুল ঝড়, জানে না কীভাবে থামাবে? অমিয়র কথাগুলো আজ খুব মনে পড়ছে। মনোময় বলেছিল যে একমাত্র ইচ্ছেমৃত্যু আমরা মহাভারতে ভীষ্মকেই নিতে শুনেছি, তিনি শরশয্যা নিয়েছিলেন। যে জীবন খোদ নিজের কাছেই ভারবাহী শকটের মতন, তাহলে কি উচিত নয় যাত্রাপথ থেকে শকট সরিয়ে নেওয়া? এই সরিয়ে নেওয়ার পথে কি মায়ার উচিত নয় অমিয়কে সাহায্য করা? কিন্তু কীভাবে? মহালয়া থেকেই দেবীপক্ষ শুরু। অমিয়র কথা মনে হতেই হেসে ফেলল মায়া। "মায়া, আজ থেকে দেবীপক্ষ, তোমার দিন। ফুল বেলপাতা দিয়ে নাই বা পুজো করলাম, যা দিয়ে দেবীকে সন্তুষ্ট করতে পারি তা একটু দি এসো।" মায়ার চোখ দিয়ে জল গড়াতে লাগল।

রাত্রে কিছু না খেয়েই শুয়ে পড়েছে দীপক। অলকার চিন্তা হচ্ছে যে রাগের মাথায় তো খেলো না কিন্তু গ্যাস হয়ে গেলে আর রক্ষে নেই। দীপকের গ্যাস্ট্রিকের সমস্যা, খালি পেট থাকা ঠিক নয়। আসলে লোকটা সহজে রাগে না কিন্তু রেগে গেলে যা মুখে আসে তাই বলে গালিগালাজও করে বসে। লিপি এত করে বলল বলে একটু ভাত নিয়ে

নাড়াচাড়া করে উঠে পড়েছিল অলকা। মায়া দুধ রুটি খেতে গিয়ে বমি করে ফেলল। "বিষ কোথায় পাওয়া যায় বলতে পারো? তোমাদের বাবা আর আমি খেয়ে এই ঝঞ্ঝাটের থেকে উদ্ধার করে দিয়ে যাই"। অলকা বকাবকি করেছে মায়াকে, বারবার বলেছে যে এসব ভেবে মন খারাপ করতে না। দুই ভাই কি ছোটবেলায় কোনোদিনও লড়াই ঝগড়া করেনি? ভাইয়ে-ভাইয়ে বোনে-বোনে এমন কত হয় আবার ঠিক হয়ে যায়। সারারাত ছেঁড়া ছেঁড়া ঘুম হয়েছে দীপকের। যতবার ঘুম ভেঙেছে ততবার আকাশ কুসুম ভেবেছে দীপক। ছেলেবেলার কথা বারবার মনে হয়েছে। এই তো মহালয়া ছিল কাল, ভোর ভোর উঠে মহালয়া শুনে বাবা জয়গুরু সুইটস থেকে কচুরি আর জিলিপি এনে দিত। দুই ভাই জম্পেশ করে খেত। বাবা বাগানের এক কোণে দাঁড়িয়ে বিড়বিড় করে মন্ত্র বলে তর্পণ করত। জিজ্ঞাসা করলে বলত, "ও কিছু নয়। পিতৃপুরুষকে একটু জল দান, নাম স্মরণ।"

দুর্গা পূজার আর বেশি দিন বাকি নেই। ঘরের ভিতর গরম লাগে বলে ফ্যান চলছে কিন্তু সকালবেলায় বাইরে হিম হিম ভাব। দীপক বাইরে এসে দাঁড়িয়ে বাগানের দিকে তাকাল, ঘড়িতে তখন ছ-টা। একটু ঝুঁকে শিউলি গাছের নীচে তাকিয়ে বুকের ভিতরটা ভয়ে হিম হয়ে গেল, পিঠ দিয়ে একটা ঠান্ডা হাওয়া সড়সড় করে কোমরের

দিকে নেমে কিলবিল করতে লাগল। চারদিকে শিউলি ফুল ছড়িয়ে রয়েছে তার মধ্যে মায়া লাল পাড় সাদা শাড়ি পরা শরীরটা নিয়ে উবুড় হয়ে পড়ে আছে। "মা" বলে চিৎকার করে ছুটে সিঁড়ি দিয়ে নামে দীপক, কী মনে হতেই অমিয়র ঘরের সামনে এসে থমকে দাঁড়ায়। আয়া নীচে বিছানায় অসাড়ে ঘুমাচ্ছে আর অমিয়র শরীররের সাপোর্ট সিস্টেমের সব নল খোলা। কোনো শ্বাসপ্রশ্বাস পড়ছে না। দীপক অমিয়র মুখের সামনে হাত রাখল, নাকের সামনে হাত নিল। কিছুই বুঝে উঠতে পারছে না। দীপক আর অলকার কথাবার্তায় আয়া ছুটে এসেছে, অভ্যস্ত চোখ মুহূর্তে বুঝে নিল অমিয় নেই। দীপকের পা-দুটো যেন কেউ পেরেক দিয়ে গেঁথে দিয়েছে। পিছনে অলকা এসে দাঁড়িয়েছে। "এসব নিশ্চয়ই মায়ের কাজ, কাল বিষ খাবে বলেছিল," বলে ছুটে গেল বাগানের দিকে, মায়ার হাতটা ধরে পালস দেখল। দীপক তাকিয়ে আছে অলকার দিকে। অলকা মাথা নাড়িয়ে জানাল মায়াও নেই আর। দীপক মাটিতে থেবড়ে বসে পড়েছে, চোখের তলায় কালির পোচ, শূন্য দৃষ্টি, অনেক দিনের চিন্তা ভাবনা, নানা টানাপড়েনের অবসান। ধীরে ধীরে উঠে দাঁড়াল অলকা। সংসারটাও যে কোমায় আচ্ছন্ন। কোথা থেকে যে শুরু করবে অলকা?

হৈমন্তী ধানের শীষ

বৃন্দা ছেলেকে ব্যারাকপুরের রিভার সাইড রোডের একটা নামকরা ইংলিশ মিডিয়ামে দিয়েছে। আজ তার প্রথম দিন। কে জানে, ছেলে সোহম কি কান্নাকাটি করবে? এমনিতে খুব শান্ত ছেলে, নিজের মতন গান শোনে, পাজল গেম নিয়ে থাকে। সোহমকে যখন এক টিচার এসে হেসে হাত বাড়িয়ে দিয়ে 'কাম উইথ মি' বলে নিয়ে গেল ছেলে একটু বৃন্দার দিকে তাকিয়েছিল। বৃন্দা জানে ছেলে চোখের ইশারায় জানতে চাইছিল যাবে কিনা? বৃন্দা হেসে মাথা হেলিয়ে দিতেই গটগট করে চলে গেল। আসলে আশেপাশে সবাই প্রচণ্ড কান্নাকাটি করছে। একটি বাচ্চামেয়ে কাঁদতে কাঁদতে রাস্তায় শুয়েই পড়েছে, একজন চেঁচিয়ে কাঁদতে কাঁদতে বমি করছে। বৃন্দা প্রথমটা সোহমের জন্য ভয় পেলেও মনে মনে ভাবছে যে সোহম নিশ্চয় এমন করবে না। বাচ্চাদের কান্না আবার বৃন্দা একেবারেই সহ্য করতে পারে না। এখন এক মাস বাচ্চাদের মাত্র তিন ঘণ্টা রাখবে তাই এই এক মাস বৃন্দাকে এখানেই ওয়েট করে তবেই সোহমকে নিয়ে ফেরা। বাড়িতে এখন মা বাবাকে এনে রেখেছে বৃন্দা, বাড়ি গিয়েই রেডিমেড খাওয়া পাওয়া যাবে। সকাল সকাল সুজি, লুচি বানিয়ে দিয়েছে অর্ককে আর নিজের জন্যও

বানিয়ে নিয়েছে। অর্ক ওই দিয়েই ব্রেকফাস্ট করবে। লাঞ্চ অফিসের ক্যান্টিনে করবে।

স্কুল থেকে একটু হেঁটে গেলেই বেশ সুন্দর বসার জায়গা। আগেকার দিনের বাড়ির গেটের সামনে সুন্দর বাঁধানো বসার জায়গা থাকত। বাড়ির ভিতরটায় উঁকি দিয়ে কাউকে দেখা গেল না। বেশ বড়ো বাড়ি, চারদিক আগাছায় ভর্তি। সবচেয়ে আশ্চর্য যে রাস্তার দু-সাইডেই দুটি কৃষ্ণচূড়া ডালপালা বিস্তার করে একে অপরকে জড়িয়ে ধরেছে। আর সামনের রাস্তাটুকু লাল ফুলে ছেয়ে আছে। এই লাল কার্পেট দিয়ে হেঁটে বৃন্দা ফুঁ দিয়ে ধুলো সরিয়ে বসে একটা ম্যাগাজিন খুললে দেখল মায়েদের গুলতানি আর বাচ্চাদের নিয়ে গুরুগম্ভীর আলোচনা। বৃন্দা কার্‌সিভ রাইটিং শুধু না সোহমকে কিছুই শেখায়নি কয়েকটা রাইম্‌স, কালার, ফুল-ফল, পাখির নাম ছাড়া। এরা বাচ্চাকে অনেক কিছু শিখিয়ে পাঠিয়েছে। সব এরকম বলতে বলতে গঙ্গার ধারের দিকে গেল। পত্রিকা খুলে একটা গল্পে মনোনিবেশ করে বসেছে যেই দেখল গুটি গুটি পায়ে এক বয়স্কা ভদ্রমহিলা এসে বৃন্দার উল্টোদিকে বসল। বৃন্দা মুখ তুলে স্মিত হাসতেই ভদ্রমহিলা বলল, “আমার নাতনী মিকি এ-সেক্‌শন, তোমার ছেলে কোন সেকশন?” বৃন্দা বইটা মুড়ে ব্যাগে

চালান করে, "আমার ছেলে সোহমও এ-সেকশন।" টুকটাক কথা আলাপ শুরু হতেই একজন লম্বা, কালো কিন্তু টানটান বয়স্ক ভদ্রলোক এসে দাঁড়াল। তার হাতে ফোল্ড করা নিউজ পেপার। "মে আই জয়েন? আই মিন, মে আই সিট হিয়ার?"

ভদ্রমহিলা কেমন ভয়-ভয় চোখে বৃন্দার দিকে তাকিয়ে। আসলে ভদ্রলোকের গলার স্বরটাই এমন গম্ভীর আর জোরালো যে ভয় হয়। বৃন্দা হাসিমুখে ভদ্রমহিলার পাশে গিয়ে বসে, "হোয়াই নট আঙ্কল। প্লিজ বি সিটেড। উই হ্যাভ নো প্রবলেম।"
"থ্যাঙ্কস আ লট," বলে পায়ের উপর পা তুলে বসে নিউজ পেপারে মন দিল। ভদ্রমহিলার নাম অপর্ণা। তার নিজের থেকে বলে যাওয়া কথাতেই জানা গেল মেয়ের সংসারে থাকে। ফ্ল্যাটটা অপর্ণার কিন্তু হাজবেন্ড মারা যাওয়ার পর থেকে মেয়ে-জামাই তার সাথেই থাকে। মেয়েও সার্ভিস করে একটা বিখ্যাত নার্সিংহোমের ফ্লোর ম্যানেজার। জামাই এয়ারপোর্টে টেকনিক্যাল অফিসার। নাতনীকে নিয়েই সময় কাটে তার। রান্নার একজন লোক ছিল। জামাই তার হাতের রান্না ভালবাসে না বলে অপর্ণাই রান্না করে। এই তো বাড়ি গিয়ে নাতনীকে স্নান করিয়ে খাইয়ে আবার রাত্রের রান্নাটুকু সারতে হবে। বৃন্দা দেখছিল যে

সামনে বসা ভদ্রলোক পেপার পড়ছে, নাকি মাঝে মাঝে কান পেতে কথা শুনছে? তারপর হঠাৎ উঠে নিউজ পেপার ভাঁজ করে দাঁড়িয়ে সামনে ঝুঁকে পেছনে ঝুঁকে এদিক সেদিক করে ব্যায়াম করে নিতে দেখে বৃন্দা ফিক করে হেসে ফেলল। অপর্ণাও ঠোঁটে হাসি ঝুলিয়ে রাখল। ভদ্রলোক এগিয়ে চলে যেতে অপর্ণা হেসে বলল, "বুড়ো মানুষেরও কত কায়দা বল। খবরের কাগজ পড়ছিল না ছাই। মেয়েদের কথা শুনছিল বুড়োটা।"

পরেরদিনও বৃন্দা আর অপর্ণা বাচ্চাদের স্কুলে ঢুকিয়ে দিয়ে বাঁধানো স্ল্যাবে বসে কথা শুরু করতেই ভদ্রলোককে দূর থেকে দেখা গেল সেদিকেই আসতে। অপর্ণা ফিসফিস করে বলল, "ওই যে কায়দা বুড়ো আসছে এদিকেই।" এসে বসেই নিউজ পেপার মুখের সামনে ধরে খানিকক্ষণ বসে উঠে দাঁড়িয়ে সেম ব্যায়াম চালু করতেই বৃন্দা আর অপর্ণা চোখাচোখি করছিল। ভদ্রলোক বাজখাই গলায়, "কী এত বসে থাকা এই সকালে? লেটস গো ফর আ ওয়াক।" অপর্ণা শুনে মিনমিন গলায় বলতে চাইছিল যে তার হাঁটু ব্যাথা। সেকথা শুনে ফুঁ দিয়ে তার কথা উড়িয়ে নিদান দিল, "বসে থাকলে হাঁটু লক হয়ে যাবে। একটু হালকা ব্যায়াম, হাঁটাহাঁটি ভালো। উইল ইউ?" বলে বৃন্দার দিকে তাকাতেই বৃন্দা উঠে দাঁড়িয়ে মাথা হেলিয়ে বলল,

৫৬

"মাসিমা, চলুন না। আমরা আস্তে হাঁটব। আঙ্কল ঠিক বলেছেন। এতক্ষণ বসে বসে কাল আমার কোমর ব্যাথা করছিল।" তারপর থেকেই স্কুলে বাচ্চাদের দিয়ে তিনজনে প্রথমে হাঁটতে হাঁটতে গঙ্গার ধারে যাওয়া, সিঁড়িতে বসে চা আর বিস্কুট খাওয়া। পরের দিকে টোস্ট অমলেট, ঘুগনি, ঝালমুড়ি, কচুরি-তরকারি কখনো মিশনের ক্যান্টিনে দোসা, ইডলি, বড়া খাওয়া। অপর্ণা এখন কায়দা বুড়ো না বলে ডাকে কর্নেল। যতবার উনি বলেন আমি আর্মিতে ছিলাম মানেই যে কর্নেল তা তো নয়, কিন্তু অপর্ণা শোনেই না। তার বদ্ধ ধারণা যে মিলিটারিতে ছিলেন মানেই কর্নেল। বাজখাই গলা, দুরন্ত স্মার্ট কথাবার্তা, ঋজু চেহারা আর ইয়া মোটা গোঁফ সব মিলিয়ে অপর্ণার কাছে উনি কর্নেল। বৃন্দা লক্ষ করেছে অপর্ণা যতটাই নরম, মিহি, ধীর, আঙ্কল ততটাই তেজীয়ান, রাগী, বদমেজাজী আবার কোথায় যেন ফল্গু বয়ে যায়। অপর্ণামাসিমাকে মাঝে মাঝেই ধমকে দিতে কোনো দ্বিধা নেই আঙ্কলের। ঘুঘনিতে কষে ঝাল দিতে বললে মাসিমার ঝাল খেয়ে ফরসা মুখ লাল হয়ে গেছে। সবচেয়ে নাক লাল হয়েছে আর চোখ দিয়ে সমানে জল ঝরছে। আঙ্কল তা উপভোগ করছে আর হাসছে মিটিমিটি। জলের বোতল এগিয়ে দিচ্ছে বা কখনো আইসক্রিম এনে খাওয়াচ্ছে। অপর্ণা মাঝে মাঝে মেয়ের উপর অভিমানের কথা বলে ফেলে চোখের জল ফেললে

৫৭

বৃন্দা দেখেছে আঙ্কল খুব অস্থির হয়ে যায়। দু-বার তিনবার অবশ্য হাসানোর জন্য রাজেশ খান্না স্টাইলে বলেছে, "পুষ্পা, আই হেট টিয়ার্স।" অপর্ণা সাময়িক হেসে ফেলেছে।

আঙ্কল মিলিটারিতে ছিলেন। অনেকদিন অবসর নিয়ে কোনো এক ব্যাঙ্কে কাজ করতেন, এখন সম্পূর্ণ অবসর। স্ত্রী বিয়োগ ঘটেছে তাও দশ বছর। ওনার নাম রণবীর রায়। যখন পুনাতে ট্রেনিং নিতে গিয়ে সেনসাহেবের একমাত্র অতি-আধুনিকা মেয়ে অনুরাধার প্রেমে হাবুডুবু। অনুরাধার বরাবর পছন্দ ছিল ডার্ক, টল অ্যান্ড হ্যান্ডসাম। রণবীরের কথায় অনুরাধা তার জীবনটা ভরিয়ে দিয়েছিল। দশ বছর আগে একদিন হঠাৎ কথা বন্ধ হয়ে গেল অনুরাধার। কিছুতেই গলা দিয়ে আওয়াজ নেই। ধরা পড়ল খাদ্যনালীতে ক্যান্সার। বেশি দিন বাঁচেনি আর। শর্ট নোটিসে চলে গেছে। আজকাল ছেলের বউয়ের স্কুল ছুটি থাকলে বেরিয়ে পড়েন সিনিয়র সিটিজেনদের সাথে এখান ওখান। এই বয়সে স্ত্রী-বিয়োগ বড়ো কষ্টের, বড়ো যন্ত্রণার। অনুরাধা ছেলের বিয়ে দেখে যেতে পারেনি, নাতি ভিকিকে দেখে যেতে পারেনি। মাঝে মাঝে নিজের কথাও আবেগে বলে ফেলেন রণবীর।

অপর্ণার নিজের বাড়ি ছিল ভদ্রেশ্বরে। স্বামী হঠাৎ হার্ট-অ্যাটাকে মারা যেতেই এক বছর একাই ওই বাড়িতে থাকত। দোতলা বড়ো বাড়ি, পেছনে বিশাল বাগান। মেয়ে জামাই জোর করে বিক্রি করে দিল। সেই টাকায় ব্যারাকপুরে ফ্ল্যাট কেনা হয়েছে, আর বাকি টাকা দিয়ে মেয়ে ঘর সাজিয়েছে। মায়ের টাকা একমাত্র মেয়ে ছাড়া কার? গয়নাগাটিও সব নিজের হেপাজতে রেখে দিয়েছে। এখন পেনশনটাই যা ভরসা, আর কিছু এমআইএস আর কিছু ফিক্সড। সেগুলোর টাকা পয়সা দিয়েই বাজার-হাট হয়। মেয়ের বক্তব্য একখাত থেকে খরচ করলেই হবে। কিন্তু মেয়ের ব্যবহারে মাঝে মাঝে দুঃখ পায়। এখানে কাউকে সেরকম চেনে না। মনের কথা বলার কেউ নেই। মেয়ে-জামাই পছন্দ করে না ফ্ল্যাটের অন্য কারোর সাথে তার মা মিশুক, কথা বলুক। তাই বড্ড একা। নাতনীকে নিয়ে যেটুকু ভালোলাগা। বৃন্দা শোনে, ভেতরে ভেতরে অসহায় লাগে। অপর্ণাকে খুব ভালোলাগে। এক অদ্ভুত মায়ায় জড়িয়ে গেছে এদের সাথে। একমাস হবে হবে যখন অপর্ণা বৃন্দার হাত ধরে কেঁদে ফেলে। "তুমি তো আর আসবে না মা, আমি একা হয়ে যাব। কী করে আমি সময়টুকুন কাটাব? মেয়ে বলেছে ওখানে গিয়ে বসে থাকবে আবার নিয়ে আসবে। আটটা থেকে একটা অবধি আমি কী করে কাটাব এই রোদে-জলে?"

রণবীর নিজেও বলে যে সেও নাতিকে দিয়ে চলে যাবে বাড়িতে আবার ছুটির সময় এসে নিয়ে যাবে। নাতি তার ভয়ানক দুষ্টু, তাই গাড়িতে ছাড়তে পারা যাচ্ছে না। অপর্ণাকেও বাড়ি চলে যাওয়ার কথা বলতে অপর্ণা বলল, "মেয়ে রাগ করবে। আমি অটো করে ফিরব আবার আসব রোজ দশ টাকা করে অনেক টাকা।"

"নিজের টাকা নিজে খরচ করবে, অপর্ণা। এত কী মেয়ে মেয়ে? মেয়ে তোমায় দেখে না তুমি মেয়েকে? তোমার টাকায় ফ্ল্যাট কিনে সেখানে থাকে, তুমি সত্যি এত সরল কেন? সরলতার একটা মাত্রা থাকা দরকার। অতিরিক্ত কিছুই ভালো না জানো? নিজেকে কঠিন কর। মেয়েরাও এরকম অবুঝ আমি ভাবতেও পারি না। তুমি মেয়েকে ঠিক করে মানুষ করতে পারনি, অপর্ণা।" মাথা নীচু করে চুপচাপ থাকে শান্ত অপর্ণা। বৃন্দার বুকের ভেতরটা খা খা করে। সে নিজে শ্বাশুরির বাক্যবাণে জর্জরিত থাকে। মাসিমাকে জড়িয়ে ধরতে ইচ্ছে জাগে।

"বৃন্দা, তুমি কাল ফ্রি আছ?"

"কেন, মাসিমা?"

"আরে, কাল কর্নেলের জন্মদিন। কথায় কথায় বলেছিল যে অনুরাধা জন্মদিনের দিন পায়েস বানিয়ে খাওয়াত। এখন কাজের লোকের হাতের পায়েস খেতে ইচ্ছে হয় না,

তাই মানা করে দিয়েছে। তবে ছেলের বউ স্কুল থেকে ফেরার সময় কেক আনে। বিলাতি স্টাইলে কেক কাটা হয়। আমি ভাবছি ছুটির এক দেড় ঘণ্টা আগে যদি আস? আমি একটু পায়েস বানাব। আমরা যখন ওনার বন্ধু হই।"

"আমি যাব, মাসিমা। আমি কাল ন-টার সময় ঠিক পৌঁছে যাব। আমি ঝাল ঝাল আলুর দম আর লুচি বানিয়ে নিয়ে যাব। কাকুর খুব প্রিয়।"

রণবীর এসে খুব খুশি। সবথেকে খুশি অপর্ণা। তার চোখে কৌতুক আবার খানিকটা জিজ্ঞাসা কার রান্না পায়েস ভালো, অনুরাধার না অপর্ণার? কাকু বুঝতে পেরে বলল, "তুমি তো দারুণ রন্ধনপটীয়সী। অনুরাধার হাতে কন্টিনেন্টাল ভালো খুলত। দারুণ দারুণ স্টার্টার বানাতে পারত। তার সঙ্গে ককটেল। সি অয়াজ আন আইডিয়াল ওয়াইফ। বাঙালি রান্না জানলেও ও সাউথ ইন্ডিয়ান বা মারাঠি রান্নাগুলো ভালো পারত। তুমি একেবারে রন্ধনে দেখছি দ্রৌপদী।" অপর্ণার মুখটা খুশিতে উজ্জ্বল। বৃন্দা বোঝে যে অপর্ণামাসিমা আঙ্কলের জন্য ফিল করে আবার উল্টোটাও। আঙ্কল অনেকবার বলেছে যে অনুরাধা কেন যে চলে গেল? থাকলে অপর্ণাকে গ্রুম করতে পারত। আজকালকার দিনে অপর্ণা একেবারেই অচল। মেলা ফ্যাচফ্যাচ কান্নাকাটি আঙ্কলের অসহ্য।

দুর্গাপূজা উপলক্ষে বৃন্দা অপর্ণাকে একটা হালকা সবুজ রঙের হলুদ পাড়ওয়ালা মলমল শাড়ি উপহার দিলে অপর্ণা বলে, "আমার জন্য? আমি পরব? আমি তো সাদা শাড়ি পরি। মেয়ে তো তাই এনে দেয়। তুমি শুধু শুধু খরচ করলে? জমিনটা কী মখমলি গো! আমার মেয়ে চৈত্রের সেল থেকে ছ-টা ছাপা, তাঁত শাড়ি, সায়া, ব্লাউজ এনে দেয়। পূজা বলে কিছু নেই আর আমার। আমার বোনপো অবশ্যি একটা গেলোবার চাকরি পেয়ে নীল পাড় সাদা পিওর সিল্ক দিয়েছিল। আর যা পুরোনো কিছু আছে সাদা খোলের তাই পরি। মিকির অন্নপ্রাশনের সময় একটা হলুদ পাড় গরদ দিয়েছিল মেয়ে। নিজে সে তিন চার হাজার টাকার শাড়ি কেনে। এটাই ওর পরার বয়স, ফুর্তির বয়স।" এর মধ্যে রণবীর শান্তিনিকেতন থেকে অপর্ণামাসিমার জন্য কাঁথা কাজের ব্লাউজ পিস এনেছে, বৃন্দার জন্য কুর্তি। তাই রণবীরকে বৃন্দা একটা পাঞ্জাবী উপহার দিয়েছে। অপর্ণাকে তার মেয়ে মাছ মাংস কিছুই খেতে দেয় না। তার বাবা মারা যাওয়ার পর বলেনি যে তুমি খাবে না কেন? এখানে আসলে প্রথম দিন পেঁয়াজ ছাড়া ঝালমুড়ি, ঘুগনি খেত। তারপর থেকে সব খেয়ে নিত। মেয়ে একদিন পেঁয়াজের গন্ধ পেয়ে নাকি খুব বাজে কথা বলেছে। অপর্ণার থেকে এসব শুনলে বৃন্দার মন খারাপ হয়ে যায়। আঙ্কল খুব হুল্লুরে মানুষ, তার হঠাৎ

ফোন "চল, প্রি-পূজা পার্টি করি।" হইহই করে মোগলাই খাওয়া হল। জোর করে মাসিমাকে খাওয়ানো হল। মাসিমার মুখে তৃপ্তি দেখে বৃন্দার চোখে জল আসে বারবার। মাসিমা খেতে খেতে বলল, "তোমার মেসমশাই আমাকে মিত্র কাফেতে নিয়ে গিয়ে ফিশ কাটলেট, কবিরাজি মোগলাই খাওয়াত আর গোল বাড়ির কষা মাংস, কালিকার চপ, আমিনিয়ার বিরিয়ানি। আমি আমিষ খেতে ভালবাসতাম। বাড়িতে দেওর, ননদেরা ভরভরন্ত সংসার। ইচ্ছে হলেই ভালো মাছ মাংসের পিস খেতে পেতাম না। তাই আমাকে নিয়ে রবিবার ঘুরতে বের হয়ে সিনেমা দেখাত আর খাওয়াত। বলতে বলতে চোখের কোণে জল চিকচিক, রণবীরের চোখ এড়ায় না। বাড়ি ফেরার আগে পান খেয়ে সেকি হাসি অপর্ণার। অপর্ণার হাসি রণবীর আর বৃন্দাকে সুখি করে।

একাদশীর দিন বিজয়ার প্রণাম জানাতে গেলে অপর্ণার গলায় দিয়ে যেন আওয়াজ বেরচ্ছে না। শুধু বলতে পেরেছে যে শরীর ভীষণ খারাপ। সঙ্গে সঙ্গে বৃন্দা রণবীরকে ফোন করেছে। রণবীর শুনেই চলে গেছে অপর্ণার ফ্ল্যাটে। গিয়ে দেখে ধুঁকতে ধুঁকতে এসে দরজা খুলে দিয়েছে। জ্বরে গা পুড়ে যাচ্ছে। মেয়ে-জামাই দিল্লী আগ্রা বেড়াতে গেছে। মেয়ে যা ওষুধ দিয়ে গেছিল সেই

এন্টিবায়োটিক সহ্য করতে না পেরে পেট খারাপ, বমি করে একেবারে নেতিয়ে গেছে। রণবীরকে দেখে শরীর ছেড়ে দিয়েছে একেবারে। রণবীর অপর্ণার মোবাইল থেকে ফোন করে ওর মেয়েকে জানালে মেয়ে চেঁচামেচি করে বলে যে ওর মা একটুতেই নেতিয়ে যায়, কিছু হবে না। আর বাইরের লোক চেনাজানা নেই তাদের অ্যাবসেন্সে কীসের মতলবে তাদের ঘরে ঢোকে? রণবীর ফোন কেটে দিলে অপর্ণার মেয়ে-জামাই ফ্ল্যাটের লোকেদেরকে জানালে অনেকেই এসে হাজির হয়। পাড়ার ক্লাবের ছেলেরাও এসে হম্বিতম্বি করলে রণবীর তাদের সিনিওর সিটিজেন ক্লাবের প্রেসিডেন্ট মিহির চট্টোপাধ্যায়কে ফোন করলে সে জানায় যে সে এখুনি আসছে। সে রিটায়ার্ড জাজ। তাছাড়া রুলিং পার্টির সদস্য। ওনার হেল্প নিয়ে অপর্ণাকে নার্সিংহোমে দেওয়া হয়।

অপর্ণা দশদিন নার্সিংহোমে থেকে বাড়ি ফিরলে তার মেয়ে-জামাই ততদিনে এসে গেছে। মেয়ে-জামাইকে পাড়া প্রতিবেশীরা খুব বকাবকি করেছে যে এমনভাবে একজন বয়স্কা মানুষকে কীভাবে রেখে চলে গেল আনন্দ করে বেড়াতে? তারা অপমানিত হয়ে রাগে ফুঁসছে। তার মায়ের জন্যই এমন অপমান হজম করতে হল। অপর্ণাকে ফোনে পাওয়া যাচ্ছে না, ফোন অফ। রণবীর ফ্ল্যাটে গিয়ে দেখেছে

মস্ত তালা ঝুলছে। স্কুলের গেটে একজন মহিলা মিকিকে নিতে আসলে তাকে ধরে জানতে পারে অপর্ণা ঘরেই আছে। এই মহিলা রান্না করে আর মিকিকে দেওয়া নেওয়া করে। বাইরে থেকে তালা দিয়ে যায়, একটা চাবি এই কাজের মাসির কাছে থাকে। অপর্ণা কেমন আছে জানতে চাইলে সে বলে যে সেভাবে কথাবার্তা হয়নি, অপর্ণাকে সারাদিন কান্নাকাটি করেন এটুকু দেখেছে। তার মেয়ে বলেছে তার মায়ের মাথাটা ঠিক নেই। নিজের মনে কান্নাকাটি করা স্বভাব। রণবীর সব শুনে একটা দীর্ঘশ্বাস ফেলে, "এই শোন, তোমায় একটা বলি। আমি পুলিশের লোক। ওই মহিলা মোটেই পাগল নন, মেয়ে-জামাই টাকাপয়সার লোভে ওনাকে পাগল বানিয়ে রাখতে চায়। তুমি বাড়ি যাও আর তোমার ফোন নাম্বার দাও। আমি ফোন করলেই ওনাকে ফোন দেবে বুঝেছ?" রণবীরের চেহারা আর গলার স্বর শুনেই কাজের মহিলা ভয়ে মাথা কাত করে।

"মাসিমা, ও মাসিমা, পুলিশের ফোন। আপনার সাথে কথা বলতে চায়।"

অপর্ণা হতভম্ব হয়ে ফোন নিয়ে হ্যালো বলতেই, "অপর্ণা, আমি ভিকির দাদু বলছি। একেবারে ভয় পেও না। তুমি কেমন আছ? তোমার ফোন কই? তুমি একবার ব্যালকনিতে আসবে?"

"আমি ভালো নেই কর্নেল। আপনি ঠিক বলেছেন আমার মেয়েকে আমি মানুষ করতে পারিনি। আমার জামাই নার্সিংহোম থেকে আসলে পরে ফোনটা ছুড়ে ভেঙে দিয়েছে আর বলেছে আমার এই বয়সে আপনার সাথে প্রেম করা বের করবে।"

"অপর্ণা, কেঁদো না অপর্ণা। তোমার মেয়েও কি তাই ভাবে?" আকুল কণ্ঠ রণবীরের।

হাউহাউ করে কেঁদে ওঠে অপর্ণা, "আমার মেয়ে? সে তো আমার কপালে লাল টিপ পরিয়ে ওর নিজের ওড়নাটা মাথায় দিয়ে বলল যে আমার নাকি ফুলশয্যার খুব শখ। আপনি নাকি পালকি নিয়ে আসবেন। আমার মেয়ে-জামাই নেচে নেচে গাইল। কী অপমান, কর্নেল! আমার মরে যেতে ইচ্ছে করে। কিন্তু মরতে গেলেই ভয় পাই যদি মরতে গিয়ে বেঁচে যাই? আমার বাড়িঘর সব নিয়ে ওরা আমাকে কাজের লোক বানিয়ে রেখে দিয়েছে। আমি আর সহ্য করতে পারছি না। আমার মেয়ের হাসি, জামাইয়ের মস্করা আমাকে ঘুমাতে দেয় না, কর্নেল।"

বৃন্দার সবে চোখটা লেগে এসেছিল। কলিং বেলের আওয়াজে মাথার ভিতরটা কেমন ফাঁকা লাগছিল। সেই সকাল পাঁচটা থেকে কাজ করতে করতে ক্লান্ত শরীরটাকে এনে দরজা খুলে অবাক। "আঙ্কল, আপনি?"

"অপর্ণা ভালো নেই, বৃন্দা।"

চমকে উঠল গলার স্বর শুনে। আঙ্কলকে এভাবে কোনোদিন দেখেনি বৃন্দা। অবাক হয়ে বলল, "কী হয়েছে? আমি ফোন করেছিলাম কিন্তু সুইচ অফ।"

"অপর্ণার ফোন ভেঙে দিয়েছে। অপর্ণাকে আত্মীয়স্বজন থেকে আলাদা করে দিয়েছে, এখন তোমার আমার থেকেও আলাদা করার ধান্দা।"

"আঙ্কল, এটা ওদের সম্পূর্ণ ব্যক্তিগত ব্যাপার। আর মাসিমাও নাতনীর জন্য পাগল। যতই হোক সন্তানের কাছেই বুড়ো বয়সে থাকতে চায়। মাসিমার যেমন ক্যারেকটার, উনি মানিয়ে নিয়েছেন, মানিয়ে নেবেন। আমি আপনি কী করতে পারি?" হাই তুলল বৃন্দা। সারাদিন খাটাখাটনির পর আর বৃন্দার এখন কিছুই ভালোলাগছে না। ছেলেকে নিয়ে একটু পরেই আবার ড্রয়িং স্কুলে নিয়ে যেতে হবে।

"কী সন্তান? সন্তান মাই ফুট! আত্মজা? নাড়ি-কাটা ধন? সব বকওয়াস! অপর্ণা এভাবে বাঁচবে কেন? ওর নিজের টাকা আছে। আমায় বলেছে ওর ফিক্সড আছে, ওর এমআইএস আছে, তাছাড়া ওর হাজবেন্ড সেন্ট্রাল গভর্নমেন্টে ছিল, ভালো পেনশন পায়। কেন বলতে পার অপর্ণা মরে মরে বাঁচবে? মেয়ের কথায় উঠবে বসবে? মেয়ে মেয়ে আর মেয়ে। গো টু হেল।"

“আঙ্কল, আপনি কী ভাবছেন তাহলে? মাসিমাকে তো বিয়ে দিতে পারব না। কোথায় যাবে মাসিমা? ফ্ল্যাটটা মেয়ের নামে মাসিমার নামে নয়। একলা থাকাও খুব সমস্যা। কখন শরীর খারাপ হবে, কী হবে? আমরা কি সবসময় পাশে থাকতে পারব? ইম্পসিবল! আমি তো সংসার ফেলে যখন তখন যেতেই পারব না। আমার অনেক প্রবলেম আছে।”

চোখ কুঁচকে রণবীর গলায় ব্যঙ্গ ঢেলে, “তুমি কি এস্কেপিস্ট? এত যে মাসিমা মাসিমা করতে? সব টাইম পাস? অপর্ণা তোমাকে এতটা ভালবাসত সেসব এমনি এমনি? কে জানে? মে-বি অল আর রং।”

বৃন্দা কেঁপে উঠল রণবীরের কথায়, খানিকটা বিরক্ত, খানিকটা রাগও কিন্তু প্রকাশ করল না। বৃন্দা জানতে চাইল যে রণবীর কী ভাবছেন?

“যদি ভালো ওল্ডেজ হোমে রাখা যায়? আমার এক বন্ধু থাকে মধ্যমগ্রামের কাছে ‘আশ্রয়’-তে। এই সেদিন আমার পিসতুতো ভাই বিনয় মারা গেলে ওর বউ সুলেখাও চলে গেল সেখানে। ফোন করেছিলাম ওদের। বলল তো ভালোই আছে। পরিবারে থেকে দূরছাই হওয়ার থেকে মানসিক শান্তি আছে।”

“কিন্তু মাসিমা নিজের ফ্ল্যাট ছেড়ে কি আপনার কথায় যাবেন? টাকা পয়সারও একটা ব্যাপার আছে তো।

কীভাবে কী হবে আমি জানি না। আমার এসব ধারণাই নেই। আমি ভাবতেও পারি না চেনা জগত ছেড়ে এই বয়সে বৃদ্ধাশ্রমে যেতে হবে।"

"বৃন্দা, আমি ভেবেছিলাম তুমি খুব আধুনিক চিন্তাভাবনার মেয়ে। কিন্তু এখন দেখলাম যা তা একেবারে সেকেলে টাইপ। ছোটোবেলায় চতুরাশ্রম পড়েছ? ব্রহ্মচর্য, গার্হস্থ্য, বাণপ্রস্থ, সন্ন্যাস— পড়েছ কি? আসলে দেখ আমরা ভাবি আমরা আধুনিক, আসলে আগেকার দিনে তারা আমাদের থেকে কত ভাবনা চিন্তায় এগিয়ে বুঝেছ তা? আমাদের এখন কিন্তু বাণপ্রস্থে যাওয়ার সময়। মায়া বাড়িয়ে কী লাভ? তুমি নিজে একজন মেয়ে হয়ে ভাবতে পারছ অপর্ণার রোজ রোজ আত্মজার কাছে অপমানিত হওয়া? ফোন ভেঙে ওর সমস্ত যোগাযোগ নষ্ট করে দিয়েছে। কাজের বউটা   বলছিল যে অপর্ণা খুব কান্নাকাটি করে, কাজের বউটাকে বলা হয়েছে অপর্ণা মানসিক রোগি। বৃন্দা, আমি অনুরাধাকে হারিয়েছি, অপর্ণাকে আর হারাতে পারব না। আমাদের এই যে শূন্যতা আমরা শেয়ার করি নিজেদের মধ্যে এইটুকুও কেড়ে নেওয়া হবে কেন? তোমাদের কি সময় আছে আমাদের কথা শোনার জন্য? তোমরা এই জেনারেশন আমাদের সময় দাও? নিজেদের নিয়ে সবাই ব্যস্ত।"

বৃন্দার ঘুম ছুটে গেছে। রণবীরের এমন ভেঙে পড়া রূপ আগে দেখেনি, তাই হতভম্ব হয়ে বসে আছে। এক রাতে ঝড়ের পরের দিন একবার বৃন্দা দেখেছিল কীভাবে তাদের জামরুল গাছটা মুখ থুবড়ে পড়ে আছে। আজ আঙ্কলকে দেখে বৃন্দার সেই জামরুল গাছের মতন মনে হল। এই ব্যাপারটা সত্যি আগে কোনোদিন ভেবে দেখেনি। সন্তান যদি স্বার্থপর হয় তবে সেখানে সম্মান থাকে না। আঙ্কল যা বুঝতে পারে, বৃন্দা কেন বোঝে না? আসলে সে নিজেই নিজের সংসারে যেহেতু অত্যাচারিত তাই বুঝতে পারেনি, মাথায় আসেনি। এত অত্যাচারিত হয়ে অনেকবার মনে হয়েছে অর্ককে বলে যে তোমার মাকে বৃদ্ধাশ্রমে দিয়ে এস। কিন্তু বলতে পারেনি। তার শ্বাশুরির এক কানাকড়িও সেরকম কিছুই নেই তাও কী দাপট, আর মাসিমার কত গয়না, টাকা পয়সা তাও সন্তান স্নেহের কাছে একেবারে নত হয়ে গেছে।

রিক্সা থেকে নেমে বিশাল এক গেট দিয়ে ঢুকে বৃন্দা দেখল বেশ গাছ গাছালি ঘেরা আশ্রমিক পরিবেশ। হেমন্তের বিকেল বিশেষ আসে না, ঝুপ্পুস সন্ধে নেমে যায় হঠাৎই। বড়ো বড়ো আমড়া গাছের সব পাতা ঝরে গেছে আর তার ফাঁক গলে অস্তগামী সূর্যের মোলায়েম আলো ছড়িয়ে পড়েছে কিছুটা জায়গা ঘিরে। একটা হাল্কা

মিউজিক ভেসে আসছে। বেশ কিছু মহিলা পুরুষ সেই সূর্যের আলো মেখে হাত দুটো সোজা করে মাথার উপর দিয়ে একবার ডান বামে হেলে আবার সামনের দিকে আবার পিছনের দিকে হেলে হেলে এক্সারসাইজ করছে। ওই তো মাসিমার ছোটোখাটো সুন্দর চেহারা এদিক-সেদিক হেলে দুলে উঠছে। পরনে বৃন্দার দেওয়া হাল্কা সবুজ মলমল। হেমন্ত বিকেলের মরা আলোয় মাসিমা কেমন যেন চিকন ধানের শীষ। একদম সামনে দাঁড়িয়ে ইনস্ট্রাকশন দিচ্ছে আর কেউ নয় রণবীরআঙ্কল। অপর্ণাকে দেখে বৃন্দার মনে হল যেন হৈমন্তী ধানের শীষ একটু হিমেল হাওয়ায় এদিক আর সেদিক। বৃন্দা চোখে রুমাল দিল, যে পথ দেখিয়ে নিয়ে আসছিল তাকে বলল— কী যেন একটা চোখে এসে পড়ল। এই মুহূর্তে বৃন্দার খুব কাঁদতে ইচ্ছে হচ্ছে।

চোরা স্রোত

মোবাইলটার ভাইব্রেশন দেখে ভুরুটা কুঁচকে গেল শর্মিষ্ঠার। এখন দেখা যাবে না, খুব ব্যস্ত। মাসের প্রথম আর শেষের দিকে ব্যাঙ্কে খুব ভিড় থাকে, কাজের চাপে জেরবার হয়ে যায় তারা। বেসরকারি ব্যাঙ্ক বলে খাটনি অনেক বেশি। একটু অন্যমনস্ক বা কাজে ঢিলা দিলে ঘাড় ধাক্কা দিয়ে বের করে দিতে বেশি সময় নেবে না। এই কম্পিটিশনের বাজারে আবার চাকরি যোগাড় করা খুব কঠিন হয়ে যাবে। তাছাড়া শর্মিষ্ঠা নয় নয় করে এবার পঁয়ত্রিশে পড়ল। মেঘে মেঘে বেলা তার কম হল না।

একটু হাল্কা হতে মোবাইলে মেসেজ দেখল বাবার। লিখেছে, "আজ তাড়াতাড়ি আসার চেষ্টা কর, সম্বিত আসবে বিকেলে"। শর্মিষ্ঠা চিন্তায় পড়ে গেল যে সম্বিত কেন আসবে তার বাড়ি? অনেকদিন তো তার সাথে সম্পর্ক চুকেবুকে গেছে। খালি ডিভোর্স হয়নি বলে বাবা-মা তাকে এখনও জামাই ভাবে। আচ্ছা, তাহলে কি এত দিনে সম্বিত ঠিকঠাক ডিভোর্স চাইতে আসবে? শর্মিষ্ঠা তো তখনই মানে আজ থেকে দশ বছর আগেই কাগজে কলমে পাকাপাকিভাবে ছাড়াছাড়িটা চেয়েছিল কিন্তু সম্বিত পাত্তাই দেয়নি। হেসে চলে গেছিল। আজ তাহলে সম্বিতের

সম্বিত ফিরেছে? আবার বিয়ে করবে? নতুন কোনো মেয়েকে হয়তো পেয়েছে!

ধুর! এত ভাবছে কেন? মনে মনে ভাবে শর্মিষ্ঠা। সম্বিত বিয়ে করলে করবে। এত আত্মধি পুরুষের সাথে তার কোনো যোগাযোগ না থাকাই ভালো। লাস্ট পাঁচ বছর আগে দেখা হয়েছিল সম্বিতের সাথে তাও আবার কমন বন্ধুর বিয়েতে।

সম্বিত আর শর্মিষ্ঠা একই কলেজে কমার্স পড়ত। সম্বিত খুব অ্যাম্বিশাস আর ব্রিলিয়ান্ট ছেলে। সে চার্টার্ড পাশ করেছিল চব্বিশ বছরের মধ্যে। শর্মিষ্ঠা গ্র্যাজুয়েট হওয়ার পর একটা ইংরাজি মাধ্যম স্কুলে পড়াত আর টিউশনি করত। সম্বিত আর শর্মিষ্ঠা ছিল শুধুই বন্ধু। তাদের অনেক কমন বন্ধু-বান্ধবীদের একটা গ্রুপ ছিল। শনিবার, রোববার তাদের জমায়েত চলত। শর্মিষ্ঠার বিয়ের কথাবার্তা বাবা মা শুরু করলে সে পরিস্কার বলে দিয়েছিল যে সেজেগুজে পাত্রপক্ষের সামনে বসতে পারবে না।

মা রেগে গিয়ে বলত, “বলতে নেই, পড়াশুনা করে তুই একটা অসভ্য হয়ে গেছিস। বাবা মায়ের সম্মানের কথা ভাবিস না।”

"আচ্ছা, আমি কী অসভ্যতা করলাম শুনি? রাস্তায় কি নগ্ন হয়ে ঘোরাফেরা করি?"

"কী বাজে, কথাবার্তার ছিরি দেখ তোমার মেয়ের," এসব বলে বাবাকেও দলে টানার চেষ্টা মায়ের।

"আমি কোনো ছেলের সামনে নিজেকে পণ্য করে দেখাতে পারব না, বলে দিলাম," বলে শর্মিষ্ঠা ছাদে চলে যেত। সিঁড়িতে উঠতে উঠতে শুনতে পেত মায়ের রেগে যাওয়া গলা "হ্যাঁ, হ্যাঁ, রাস্তায় রাস্তায় ঘুরে ঘুরে নিজেকে দেখাও আর কী? আগেকার দিনেই ভালো ছিল, বেশি মতামত নিতে গেলে এই দশাই হয়।"

শর্মিষ্ঠার বাবা সাধনবাবু হয় টিভি চালিয়ে খবর শুনত না হয় পেপার পড়ত। তিনি বরাবর শান্ত, নির্বিরোধী মানুষ। বিনতার কথাই এতদিন এই বাড়িতে শেষ কথা। এখন শর্মিষ্ঠা বেঁকে বসায় মা হিসেবে রাগ হচ্ছে।

দু-তিনবার বিনতা শর্মিষ্ঠাকে না বলে পাত্রপক্ষকে ডেকেছে। একবার শর্মিষ্ঠা পিছনের দরজা দিয়ে বাড়ির বাইরে চলে গেছিল। একবার চুড়িদার পরেই চলে এসেছিল ছেলের বাবা মায়ের সামনে আর পায়ে হাত দিয়ে প্রণাম করার পরিবর্তে হাত জোর করে নমস্কার করেছিল। রক্ষণশীল পরিবার বলে তারা আর এগোয়নি। সেই নিয়েও বিনতা প্রচুর আস্ফালন করেছে লাভ হয়নি

কিছুই। শর্মিষ্ঠা আদপে প্রচণ্ড জেদি মেয়ে তাকে ঘাঁটিয়ে লাভ হবে না বুঝে তারা আপাতত চুপচাপ আছে।

এক রোববার এমনি বন্ধুদের জমায়েতে শর্মিষ্ঠা আর সম্বিত হাজির। আজকাল রচনা ও ছন্দা আসছে না, সামনে ওদের বিয়ে ঠিক হয়েছে তাই। ছেলেরা মানে বিজু, দিব্য, রাণা, সমীর আসে। ওরা একটা সিনেমা দেখে বেরিয়ে দেখে তুমুল বৃষ্টি। বিজু আর রাণা থাকে বাগবাজার আর শোভাবাজার। বিজু দমদম আর সমীর সল্টলেক। বিজু আর সমীর ট্যাক্সি নিলে সম্বিতও শর্মিষ্ঠাকে বলল, "চল, আমরাও একটা ট্যাক্সি নিয়ে নিই।" দু-জনে সেদিন ট্যাক্সিতে আসতে আসতে নানা কথার মাঝে সম্বিত শর্মিষ্ঠাকে বলেছিল, "তাহলে আমায় বিয়ে কর, তোর এই পাত্রপক্ষের সামনে বসার ঝামেলা থাকে না। আমরা সেই কবে থেকে দুজন দুজনকে চিনি বল। তুই রাজি থাকলে আমার কিন্তু তোকে বউ হিসেবে পেতে খারাপ লাগবে না।"

"যাহ্! বন্ধুকে কেউ বিয়ে করে? তোকে জীবনসঙ্গী হিসেবে ভাবিনি কোনোদিন," শর্মিষ্ঠা লজ্জা গলায় বলে ওঠে।

"এত দিন ভাবিসনি মানে আজকেও ভাববি না তার তো কোনো কারণ নেই। তোকে যদি কেউ দেখতে আসে তাহলে কি তুই আগে থেকেই তাকে বর ভাববি?"

শর্মিষ্ঠা চুপ করে গেছিল আর ভাবছিল কখন বাড়ি আসবে! ট্যাক্সি থেকে নামিয়ে দিয়ে যাবার সময় আলতো হেসে বলেছিল সম্বিত, "ভাবা শুরু কর। টাইম স্টার্টস নাও। পুরো এক সপ্তাহ সময় দিলাম।"

শর্মিষ্ঠা সেদিন ঠিক করে ঘুমোতে পারেনি, ঘুম খালি ছিঁড়ে ছিঁড়ে যাচ্ছিল। না, এক সপ্তাহ সময় নেয়নি শর্মিষ্ঠা। প্রথমে মা বাবাকে বলেছিল সম্বিতের কথা। সম্বিত ভালো চাকরি করে, ভালো ছেলে তাই মা বাবা আপত্তি জানায়নি বরঞ্চ খুশি হয়েছিল। তিনদিনের মধ্যেই মেসেজ করেছিল শর্মিষ্ঠা, "ভাবলাম অনেক, রাজি।"
সম্বিত সেদিন সন্ধ্যায় অফিস ফেরত দেখা করেছিল। শর্মিষ্ঠার সম্বিতকে দেখে মনে হয়েছিল এই সম্বিতকে চেনে না। অদ্ভুত ছেলেমানুষি কথাবার্তায় ভরা ছিল সেই সন্ধ্যা। পরের রোববার বন্ধুদের সামনে ডিক্লেয়ার করেছিল দুজনেই যে তারা বিয়ে করতে চলেছে। সবাই খুব খুশি হয়েছিল, সম্বিত ট্রিট দিয়েছিল সবাইকে।
ফাল্গুন মাসের এক সন্ধ্যায় দু-হাত এক হয়েছিল। দুজনেই খুশি ছিল খুব। সম্বিতের মা, বাবা, দিদি-জামাইবাবু সবাই শর্মিষ্ঠাকে আদর করে বরণ করেছিল পরিবারের সদস্যা হিসেবে। প্রথম প্রথম সম্বিতের আদরে, ভালোবাসায় ভেসে

যেতে যেতে শর্মিষ্ঠা ভাবত, ভাগ্যিস! সেদিন বৃষ্টি হয়েছিল। বৃষ্টি শর্মিষ্ঠাকে সুখের চাবিকাঠি দিয়েছিল।

এক বছরের বিবাহবার্ষিকী খুব ধুমধাম করে পালন করা হলে সেদিন রাত্রে আদর করার পূর্ব মুহূর্তে সম্বিত বলল, "কাল ছুটি নিচ্ছি, পাসপোর্ট অফিসে যাব। তোরটাও করিয়ে নেব।"

"ধুর! আমি পাসপোর্ট দিয়ে কী করব? আমি বাবা দেশের বাইরে যাব না। আমার বাবা মায়ের কী হবে ? ওরা এমনিতেই কত একা," ক্যাজুয়ালি কথাটা শর্মিষ্ঠা বলে।

মা বাবা দুজনে আবার একা কোথায়? দুজনে আছেন তো। আমরা কি আর বরাবরের মতন যাব? আমি একটা ভালো চান্স পেয়েছি জানিস? তোকে অনেক ঘোরাব। সুইজারল্যান্ড নিয়ে যাব তোর খুব ভালো লাগে বলছিলি না?"

"সে তো সিনেমায় ভালো লাগে বলেছিলাম। আর বেড়াতে গেলাম তা আলাদা কথা। আমি কিন্তু কোথাও যাব না বলে দিলাম।"

"তা যাবি কেন? শালা মিডিল ক্লাস মেন্টালিটি।"

"হ্যাঁ, তা তো বলবেই। নিজের দিদি বিয়ের পরেও পুরো একতলা জুড়ে অবস্থান। বাপের বাড়িতে সপরিবারে গেড়ে বসেছে। বাবা মাকে না দেখে থাকতে পারে না বলে

বরসুদ্ধু চলে এসেছে, আর আমি বাইরে যাব না বলে মিডল ক্লাস হয়ে গেলাম।"

"আচ্ছা, দেখা যাবে পরে," শর্মিষ্ঠাকে দু-হাত দিয়ে টানতে গেলে সম্বিত দেখল অসম্ভব শক্ত হয়ে বসে আছে।

তারপর থেকেই হাজার কথা কাটাকাটি, কান্নাকাটি, দু-বাড়ির বাবা মায়ের সালিশিতেও শর্মিষ্ঠা অনড় যে ও ইন্ডিয়ার মধ্যে হলেও যেতে রাজি কিন্তু অনাবাসী হতে নারাজ। অবশেষে এক দুপুরে শর্মিষ্ঠা দুটো স্যুটকেশ নিয়ে বাবার বাড়িতে চলে আসে। মায়ের মুখ গম্ভীর হয়ে যায়। বাবাও এই চলে আসাকে মেনে নিতে পারে না। সম্বিত অস্ট্রেলিয়া চলে যায়। প্রথম প্রথম ফোন করেছে, অনেক বুঝিয়েছে যে শর্মিষ্ঠা ছাড়া ওর জীবন বৃথা। শর্মিষ্ঠা চুপচাপ শুনে গেছে কিছু বলেনি উত্তরে।

এর মধ্যে সাধনবাবুর হার্ট অ্যাটাক হয়ে গেছে একবার, তাতে বিনতা একটু ভয় পেয়ে গেছেন। তখন মনে হয়েছিল ভাগ্যিস মেয়েটা পাশে ছিল, নয়তো একা কী করত! তিন বছর পর সম্বিত এসেছিল অস্ট্রেলিয়া থেকে। অনেক উপহার নিয়ে এসেছিল শর্মিষ্ঠার জন্য। অনুরোধ করেছিল যে ছুটিতে একবার হলেও যেতে, একা একা ভালো কিছু উপভোগ করা যায় না।

শর্মিষ্ঠা শুকনো হেসেছিল। সে নিজে মনে মনে প্রতিজ্ঞাবদ্ধ যে বাবা মাকে ছেড়ে যাবেই না। সম্বিতকে ড্রয়িংরুম থেকেই বিদায় দিয়েছিল। সম্বিতের বাবা মা অনুরোধ করেছিল যে সম্বিত একমাস থাকবে বউমা এসে থাকলে ভালো হয়। শর্মিষ্ঠার ষষ্ঠ ইন্দ্রিয় বলেছিল নিশ্চয় এরা কিছু ষড়যন্ত্র করছে। যদি সম্বিতের সাথে মিলনে বাচ্চা এসে যায় তাহলে ও সম্বিতকে ছাড়তে পারবে না। বাচ্চা মা বাবার মধ্যে সেতু হয়ে যাবে, বাচ্চা বায়না করলে শর্মিষ্ঠাকে একদিন না একদিন যেতেই হবে।

শর্মিষ্ঠা গেছিল তাদের টবিন রোডের বাড়িতে। একান্তে নিজের ঘরে ঢুকেছিল অনেকদিন পর। সম্বিত খবরের কাগজ পড়ছিল আর কিশোর কুমারের গান বাজছিল মিউজিক সিস্টেমে। তখন গরমের এক ঘুঘু ডাকা দুপুর। দোতলার ঘর আগুন মনে হচ্ছে। সিলিং ফ্যান ছাড়াও একটা বিশাল বড়ো পেডেস্টাল বনবন করে ঘুরছিল। সম্বিত একরাশ হাসি ছড়িয়ে শর্মিষ্ঠাকে জড়িয়ে ধরেছিল। শর্মিষ্ঠা ছাড়িয়ে নিয়েছিল নিজেকে আর বলেছিল ডিভোর্সটা হয়ে গেলেই ভালো। সম্বিত তাহলে একজন উচ্চাকাঙ্ক্ষী মেয়ে বিয়ে করে সুখি হবে। সম্বিত ফ্যাকাসে হেসে বলেছিল, "রেখে যা কাগজপত্র, ভেবে দেখব।" শর্মিষ্ঠা আর দাঁড়ায়নি নিজের সেই সাজানো ঘরে। সবই

একইরকম আছে আজও। যে চেক চেক বেড কভারটা পাতা আছে সেটা নিউমার্কেট থেকে শখ করে কিনেছিল। দেওয়ালে যামিনী রায়ের পেইন্টিং, শোকেসের উপর ফ্লাওয়ার ভাস আর তাতে যে ফুল সেগুলো একটা মেলা থেকে দুজনে মিলে কিনেছিল। সম্বিতের তানপুরার পাশে আরেকটা ভাসে ময়ূরপুচ্ছ। কত দরদাম করে দুজনের কেনা। ড্রেসিং টেবিলের উপর সম্বিত আর শর্মিষ্ঠার সিকিমের ছাঙ্গু লেকের পাশে হানিমুনের ছবিটা বড়ো করে ল্যামিনেট করা। সব রয়েছে ঠিকঠাক কিন্তু শর্মিষ্ঠা নেই। ওর মনে হয়েছিল ওই ঘর ওকে লোভী করে তুলতে পারে। সিঁড়ি দিয়ে নেমে আসতে আসতে শুনতে পেয়েছিল কিশোর কুমারের গান ভেসে আসছে, মেরা জীবন কোরা কাগজ কোরা হি রহ গ্যায়া...

সেদিন ওই গরমে রাস্তায় রাস্তায় উদ্ভ্রান্ত হয়ে ঘুরে অনেক রাত্রে ঘরে এসেছিল শর্মিষ্ঠা, শরীর ক্লান্ত, মনে মনে বিধ্বস্ত হয়ে। মা বাবা ভেবেছিল যে সম্বিতের সাথে ঘুরে-টুরে ফিরেছে। সম্বিত আর দেখা করেনি তারপর। দিব্যর কাছে জানতে পেরেছিল যে সম্বিত অভিমান করে ফিরে গেছে। তারপর সমীরের বিয়েতে লাস্ট দেখা হয়েছিল সম্বিতের সাথে। শর্মিষ্ঠা একটা রানী রঙের বালুচরি পরেছিল। সম্বিত সামনাসামনি দেখে ফর্মাল দু-তিনটে

কথাবার্তা বলেছিল। এই শাড়িটাও সম্বিতের প্রথম পূজায় দেওয়া উপহার ছিল। সমস্ত কিছুতে সম্বিত জড়িয়ে আছে অথচ শর্মিষ্ঠা প্রতি মুহূর্তে অস্বীকার করতে চায়।

তখন শর্মিষ্ঠা এই ব্যাঙ্কের চাকরিটা পেয়েছে। চাকরিটা পেতে রাণা খুব হেল্প করেছিল। সত্যি দিব্য, রাণা, সমীর, ছন্দা এরা কীভাবে যে শর্মিষ্ঠাকে আগলে রেখেছে তা শর্মিষ্ঠাই জানে। রচনা মুম্বাই আর বিজু আসামে আছে। ওরা আসলেও হইহই হয়। বন্ধুদের বউরাও খুব ভালো। মাঝে মাঝে এই হইহই অনর্থক লাগে কেন বুঝতে পারে না শর্মিষ্ঠা। বন্ধু-বান্ধব সবার বিয়ে হয়ে গেছে, সবাই জোড়ায়-জোড়ায় যখন ঘোরে মনের মাঝে একটা শালিখ খুব খিটখিটে হয়ে যায়। অকারণ কাজের মাসিকে, মাকে বকাবকি করতে থাকে। না, আজ দেখছি কাজ করা যাবে না। মন বসছে না একদম। মনের মাঝে সেই শালিখটা ডানা ঝাপটাচ্ছে। মাথাটা চেপে বসে থাকল কিছুক্ষণ, জল খেল তবুও কীরকম যে অস্থিরতা লাগছে, শর্মিষ্ঠাকে একটু স্থির হতে দিচ্ছে না। সম্বিত যে এত দিন পর কেন আসছে সেটা না জানা অব্দি শান্তি নেই।

জুনিওর সঞ্জয় এগিয়ে এসে বলল, "শর্মিষ্ঠাদি কী হয়েছে? শরীর খারাপ?"

৮১

"ম্যাডাম কে এত টেন্স্ড লাগছে কেন?" এই বলেই চেয়ার ছেড়ে উঠে এল মজুমদার।

শর্মিষ্ঠা দেখল যে এবার সহানুভূতি শুরু হবে, কেউ মাথা ধরার ওষুধ দেবে, কেউ নানা কথা বলবে, কত প্রশ্ন করবে এই ঠ্যালা সামলাতে গিয়ে হয়ত রুক্ষ হয়ে উঠতে পারে। আজকাল মাঝে মাঝে নিজেই টের পায় ধৈর্য কমে আসছে, সহনশীলতা নেই বললেই চলে। এ এক অদ্ভুত পরিবর্তন টের পায় মনের মধ্যে। নিজের কাছে নিজেই অসহায় হয়ে পড়ে।

শর্মিষ্ঠা কুইক ডিসিশন নিয়ে নিল যে বেরিয়ে পড়তে হবে অফিস থেকে। আমার একটু জরুরি দরকার আছে বলে ম্যানেজারের অনুমতি নিয়ে বেরিয়ে পড়ল অফিস থেকে দুপুর দুটোর সময়। বাড়িতে এত তাড়াতাড়ি ফিরবে? সাত-পাঁচ ভাবতে ভাবতে মোবাইলটা ব্যাগ থেকে বের করে দিব্যকে ফোন করল। এটা ওটা কথা বলেও বুঝতে পারল না কিছুই। কারণ সম্বিতের কথা একবারও বলল না। একে একে রচনা, রাণা, সমীর সবাইকেই ফোন করেও কিছু হদিশ পেল না। এখন শর্মিষ্ঠা কাঁকুড়গাছি ব্রাঞ্চে আছে তাই হাঁটতে হাঁটতে কাঁকুড়গাছির প্যান্টালুন্সে গিয়ে সোজা ফুড কোর্টে গিয়ে কফি খেল। খানিকক্ষণ বসে নীচে নেমে এটা সেটা দেখতে দেখতে ঘড়ির দিকে

তাকাল। চারটে বাজলে একটা ট্যাক্সি ধরে বাড়ির দিকে রওনা দিল।

বাড়ির কলিং বেলে হাত দিয়েই কেমন একটা দীর্ঘশ্বাস বেরিয়ে এল। কাজের মিনতি মাসি দরজা খুলে দিয়ে জিজ্ঞাসা করল, "চা খাবে?"

"মা বাবা কই গো মাসি?" অধৈর্য গলায় বলল শর্মিষ্ঠা।

"তোমার কোন কাকার শরীর খারাপ তাই দেখতে গেছে ব্যারাকপুরে।"

"সেকী! আমি জানতাম না তো যে আজই মা বাবা ভালোকাকে দেখতে যাবে? দু-দিন পর গেলে কী হত?"

"সে আমি কী জানি? তোমার মা আমায় বলল তুমি আসলে চা জলখাবার দিয়ে চলে যেতে। কে জানি এক গেস্ট আসবে তার জন্য খাবার বানিয়ে রাখতে বলে গেল। আমি আলুর পরোটা আর ঘুগনি বানিয়ে রেখেছি গরম বাক্সে। মাংসের কিমা দিয়ে বানানো ঘুগনি। বড়ো বড়ো রাজভোগ আছে এই টিফিন কৌটোয়। সব রাখা আছে। ফ্লেলাস্কে চা বানিয়ে দিচ্ছি। যখন ইচ্ছে খেও। আমার আবার বাড়ি ফিরতি হবে তো।"

"এই মাসি এত তাড়াহুড়ো কোরো না তো। একটু বসো, একজনের আসার কথা আছে। আমি গা ধোব, তারপর যেও।"

শর্মিষ্ঠা মনে মনে গজরাতে লাগল যে আশ্চর্য মা-বাবার কাণ্ড! একেবারে জামাই আদর করার জন্য প্রস্তুত। আলুর পরোটা, কিমা দেওয়া ঘুগনি, রাজভোগ একেবারে সোনায় সোহাগা। সবকটা জিনিস সম্বিতের পছন্দ। এতই যখন এত দিনের এস্কেপিস্ট জামাইকে খাওয়াবার ইচ্ছে তাহলে নিজেরা থাকলে না কেন? যত্ত সব! আমার ঘাড়ে দিয়ে চলে গেছে। একটা সুবিধা যে মাসি এক বছর হয় এসেছে, সম্বিতকে চেনে না।

গা ধুয়ে কাপতানটা গায়ে দিয়ে লম্বা বেণীটা খুলে চুল আঁচড়াতে আঁচড়াতে কলিং বেলের আওয়াজ শুনতে পেয়ে শর্মিষ্ঠা চেঁচিয়ে বলল, “মাসি, দেখ তো কে?”
মাসি দরজা খুলে দিলে নীচ থেকে উত্তর এল, “আমি সম্বিত।”
মাসি তাড়াহুড়ো করে বলে উঠল, “আমি চললাম গো, শর্মি।”
ওপর থেকে দরজা টানার আওয়াজ শুনল। শর্মিষ্ঠা কাঁপা গলায় বলে উঠল, “বসো, আমি আসছি।”
চুলটা নিয়ে একটা হাতখোঁপা বানিয়ে ঘুরে দরজার দিকে পা বাড়াতেই একটা মিষ্টি গন্ধ নাকে আসতেই তাকিয়ে দেখল সম্বিত বেলফুলের মালা নিয়ে দাঁড়িয়ে।

“ওমা! তুমি ওপরে উঠে আসলে কেন? আমি নীচে যাচ্ছিলাম তো। চা খাবে?” প্রচণ্ড স্মার্ট হওয়ার চেষ্টা করল শর্মিষ্ঠা। দূরত্ব আনার জন্য ইচ্ছে করেই তুমি বলল না। ততক্ষণে সম্বিত ঘরের ভিতরে। শর্মিষ্ঠা আবার বলে উঠল, “তুমি কি এখানে বসবে নাকি? চা, জলখাবার তো সব নীচে?”

সম্বিত শর্মিষ্ঠার হাতটা টেনে ধরে বলল, “কেমন আছিস?”

শর্মিষ্ঠার গলার কাছটা কেমন করে উঠল। বুকের ভিতর মোচড় দিয়ে উঠল। চোখ ফেটে মনে হয় জল চলে আসবে কিন্তু শর্মিষ্ঠা মোটেও কাঁদবে না।

“কাউকে প্রথম দেখলে বুঝি আগেই চা দিতে হয়? বোকা একটা। আমি কেমন আছি জিজ্ঞাসা করলি না তো?”

হাতটা ছাড়িয়ে নিয়ে বলে উঠল শর্মিষ্ঠা, “কেমন আছিস তুই? ভালো থাকারই তো কথা। নিজের মনের মতো চাকরি করিস, কত সুন্দর জায়গায় থাকিস।”

অনেকদিন পর দর্শনে যেন সেই কলেজ জীবনের বন্ধু, ভুলেই গেছে যেন একসময়ে স্বামী-স্ত্রী ছিল। ছিলই বা কেন? ডিভোর্স হয়নি যখন, এখনো স্বামী-স্ত্রী।

সম্বিত দু-পা এগিয়ে আসে, “কিন্তু তোকে ছাড়া সব ফিকে, বুঝিস না?”

"না, বুঝি না। অনেকদিন, মানে অনেক বছর পেরিয়ে গেছে, সম্বিত। কীকরে বুঝব যে আমি ছাড়া তোর সব ফিকে?"

"এইটা কি আমি বললে বুঝবি? তুই কেন রে এত অবুঝ? মা বাবা আর বুঝি কারো থাকে না?"

"আমি অন্যরকম জানিসই তো। কেউ যাতে বাবা মায়ের দরকারের সময় না বলতে পারে একটা ছেলে থাকলে ভালো হত। কেন জানিস মেয়ে হলে বাবা মায়ের মন খারাপ হয়? শুধু মেয়েরা দূর হয়ে যায় বলে। মেয়েরা তাই ভরসার জায়গায় নেই, যা ছেলেরা পারে।"

"কে কী ভাববে? লোগ ক্যায়া কহেঙ্গে? হা হা হা..." হেসে উঠে সম্বিত।

"ছোটোবেলা থেকে শুনে আসছি যে মেয়ে দিয়ে কী হবে? বিয়ে করেই সে ফুড়ুৎ। ছেলে থাকলে টাকায় পয়সায়, গায়ে গতরে হেল্প পাবে। মেয়ে মানেই ফালতু খরচ। জানিস, একদিন এক ভিখারি বাড়িতে এসেছিল ভিক্ষা চাইছিল দেখে আমি ডিশে চাল, আলু, পটল আর চারআনা দিয়েছিলাম। ভিখারিটা খুশি হয়ে বলল যে এই বাড়িতে যাতে একটা ছেলে হয়। মেয়ে তো আর বংশধর আনতে পারে না। শুনে অনেক কেঁদেছিলাম।"

"তুই কী রে শর্মি? মাইরি! চোরের উপর রাগ করে মাটিতে ভাত খাওয়া একেই বলে। তোর মা বাবা কি এসব বলেছে? এসব ভেবে নিজেকে কষ্ট দিবি?"

"আমি আবার নিজেকে কোথায় কষ্ট দিলাম? আমি শুধু মা বাবার কাছাকাছি থাকতে চাই। আপদে বিপদে পাশে দাঁড়াতে চাই যেমন একটা ছেলে থাকলে করত, ঠিক তেমন।"

"পাগলী একটা। আমার কথা বুঝি ভাবতে নেই?" বলে শর্মিষ্ঠা কে পিছন থেকে জড়িয়ে ধরল সম্বিত।

"তুই ইচ্ছে হলে বিয়ে কর," শর্মিষ্ঠা নিজেকে ছাড়িয়ে নিল।

সম্বিত এক ঝটকায় শর্মিষ্ঠাকে বুকের কাছে টেনে নিয়ে ঠোঁটে ঠোঁট ডুবিয়ে দিল, শর্মিষ্ঠার খোঁপা খুলে পিঠে ছড়িয়ে পড়ল চুলের রাশি। শর্মিষ্ঠা আচমকা কিছু বোঝার আগেই এমনভাবে সম্বিত জড়িয়ে রাখল যে শর্মিষ্ঠার এত দিনের সমস্ত কাঠিন্য গুঁড়ো গুঁড়ো হয়ে গেল।

বুকের ভিতর কেমন আলোড়ন কেন? চোখে হু-হু করে জল আসছে কেন? পাগল পাগল লাগছে কেন? আরও কেন সম্বিতকে জড়িয়ে থাকতে ইচ্ছে করছে?

শর্মিষ্ঠার জল চোখে দুটো চুমু খেয়ে সম্বিত স্নেহের গলায় বলল, "এত কথা বলিস কেন রে? খালি কথা আর কথা।"

শর্মিষ্ঠা নিজেকে আর সম্বিতের আলিঙ্গন থেকে ছাড়াবার চেষ্টা করল না। সম্বিতের বুকে মুখ ডুবিয়ে আরও জাপটে ধরল।

সম্বিত শর্মিষ্ঠার খোলা চুলের ঘ্রাণ নিতে নিতে আক্ষেপ করল, "এমনভাবে আগে কেন যে জাপটে ধরে রাখলি না আমায়?"

আদুরে গলায় শর্মি বলে উঠল, "তুই কি থাকতিস তখন? তোর মাথায় তখন অস্ট্রেলিয়ার ভূত চেপেছিল।"

সম্বিত বলল, "আরে লোকের বউ কেমন অর্ডার দেয় বরকে তেমন করে তুই আমায় অর্ডার করতে পারলি না যে যেতে হবে না। ইমোশনাল ব্ল্যাকমেল করতে পারতিস।"

"আচ্ছা, এখন কী মতলব, একটু শুনি?" শর্মিষ্ঠা সম্বিতের বুকে মাথা রেখে বলল।

সম্বিত শর্মিষ্ঠাকে খাটের দিকে ঠেলে নিয়ে বসিয়ে দিল আর নিজে ওর কোলে মাথা রেখে শুয়ে পড়ল। শর্মিষ্ঠা সম্বিতের চুলে বিলি কাটতে লাগল।

সম্বিত বলল, "আমরা নতুন করে সংসার করব, খালি তুই আর আমি। অনেক সময় নষ্ট করেছি আর নয়।"

"আমি কিন্তু অস্ট্রেলিয়া যাব না, বলে দিলাম।"

"তোকে পাসপোর্ট ছাড়া কেউ যেতেও দেবে না, স্টুপিড!"

"তাহলে?"

"আমি চিনার পার্কে ফ্ল্যাট নিয়েছি। দিব্য সব ব্যবস্থা করে দিয়েছে। আমার বাবা মা, তোর বাবা মা সবাই জানে। বন্ধুরা সবাই জানে। টবিন রোডের বাড়িতে দিদি থাকে বাবা মায়ের সাথে। ও ওর মতো থাকুক। আমি আর তুই একটু নিজের মতো থাকি। অনেক ক্ষয় হয়েছি দুজনেই শরীরে ও মনে। এবার একটু মেরামতি করে নিই।"

"এখান থেকে জায়গাটা দূর হবে কিন্তু।"

"তুই আর ঝামেলা করিস না শর্মি, আমি তোর কোনো কথা আর শুনব না," সম্বিত শর্মিষ্ঠাকে জাপটে ধরল।

শর্মিষ্ঠা সম্বিতের শরীরে মিশে যেতে যেতে মুখে উউম করে বলল, "ডাকাতি করবি নাকি? সেই তো এলি কিন্তু বড়ো দেরি করে।"

"তোকে ছাড়া থাকতে পারব না বলে চলে এলাম। আর কথা বলিস না। আমায় অনেক কষ্ট দিয়েছিস," বলতে বলতে সম্বিত শর্মিষ্ঠার ঘন চুলে মুখ ডুবিয়ে দিল।

নেকলেস

মিনতির সাথে দিলীপের বিয়ের আজ বউভাত। বউভাত বলতে বেশি কিছু না, ওই পাশপাশি কয়েকঘর, দু-পাঁচটা বন্ধুবান্ধব, বউয়ের বাড়ি থেকে আসা ভাই, কাকা, মামা, মামী, তুতো ভাই-বোন মিলে দশজনের বেশি নয়। একটা ফ্যান্সি গোলাপি শাড়ি, কপালে, মুখে চন্দন আঁকা। কানে আর গলায় গয়না পরে মিনতিকে বেশ লাগছে। দিলীপের বুকে অনেকবার ঢেউ উঠেছে, আড়চোখে দেখেও যেন আশ মেটে না। দিলীপ মাধ্যমিক পাশ দিয়ে ওর বাবার সাইকেল সারাইয়ের দোকানে গিয়ে বসেছে। সকাল থেকেই সাইকেল, রিক্সা সারাই চলতেই থাকে। এখন আবার স্কুলে যায় মেয়েরা ইউনিফর্ম পরে প্রায়ই আসে, "কাকু দেখো তো, কেমন খটখট আওয়াজ হচ্ছে; কাকু, পাম্প দিয়ে দাও না; কাকু, টায়ারটা দেখে দাও"— অনেক কাজ দিলীপের। দিলীপের মা বলেছিল, "অনেক ট্যাকাপয়সা নেই, কিন্তুক আপনাদের মেয়ে খেয়ে পরে থাকবে।" মিনতির বাবা নেই, মামার সংসারে মা, মিনতি আর তার ভাই। বিয়েটা তাই হয়েই গেল। মিনতি বারো ক্লাস পাশ দিয়ে কলেজে ভর্তি হয়েছিল কিন্তু গরীবের ঘরে আবার মেয়েদের পড়াশুনা। এসবের কোনো মূল্যই নেই।

বউভাতের পরের দিন শ্বাশুরি পুষ্প বলল, "ও বউ, তোর কানে গলার ওগুলো কি সোনার? সাবধানে রাখিস বাপু।"

"তাহলেই হয়েছে। মামা দেবে সোনার গয়না? না গো, ওই যে টিউশন পড়িয়ে কিছু টাকা জমিয়েছিলাম, তাই দিয়ে ভালো শাড়ি আর ইমিটেশন গয়না কিনেছিলাম। মা, দু-বাড়ি রান্না করে। তারা বরের সাজপোশাক, বিছানাপত্র এসব দিল, আমাকে আইবুড়ো ভাতও খাইয়েছিল।"

"অ, আমি তো ভেবেছিলাম যাক এটুকু সোনা আমাদের হল।"

"মা, যদি কিছু না মনে করেন আমি টিউশনিটা করি? আমি ক্লাস ফাইভ অব্দি ভালোই পড়াতে পারি। আপনাদের এখানে দেখুন না যদি কেউ পড়ে।"

তা যোগাড় হয়েছে বেশ কিছু ছাত্রছাত্রী। মিনতির ধৈর্য খুব, বাচ্চাদের খুব আদর করে কোলে নিয়ে সব শেখায়। বাচ্চাদের দিদিমনি হয়ে উঠেছে মিনতি। সন্ধেবেলা আবার দুটো বাড়ি পড়াতেও যায়। সাইকেল সারাইওয়ালা দিলীপের বউয়ের জন্য গর্বে বুক ফুলে যায়। তার বউটা আর পাঁচটা বউয়ের মতন অগোছালো নয়, কী সুন্দরপারা টানটান শাড়ি পরে পড়াতে যায় ঠিক সামনের মনোময়ী বালিকা বিদ্যালয়ের দিদিমনিদের মতন লাগে। দিলীপের মাও মিনতিকে সমঝে চলে।

“বাপ, নেকা পড়া জানা বউ আনলুম, এদিকে তো সবাই বলে চোখে চোখে দেকে রাখতে। তুই কিন্তু এট্টু মাথায় তুলে নেকেছিস।”

“কী যে বল না, মা? মিনতি ওরকম বউ একেবারেই না। আমি তো কম লেখাপড়া করেছি, সাইকেল সারাবার দোকান চালাই, তাও দেখো যে কোনো ব্যাপারে ডিসিছন নিজে নেয় না। আমাকে জিজ্ঞাসা করে, তোমায় তো মান্যগন্যিও করে দেখি। লোকজন খুব হিংসুটে। ওদের কতা শুনে কাজ নেই।”

“হ্যাঁ, তাছাড়া দুটো হাতে বেশি ট্যাকা আসছে। মাছ, ডিম, মাংস হচ্ছে। সেবার আমার জ্বরে টানা এক সপ্তাহ দুধ কিনে এনে খাইয়েছিল। এমনিতে মন আচে তোর বউয়ের।”

“তবে? ইসব ওই আবালের ব্যাটারা দেখে দেখে জ্বলে যায়। সব শালা হিংসুকের রাজত্ব।”

মিনতির এক মেয়ে আর পরে ছেলে হওয়ার পর শ্বাশুরির আপত্তি সত্ত্বেও অপারেশন করিয়ে নেয়। কয়দিন শ্বাশুরি কথাই বলেনি, মিনতিও বলেনি। কিন্তু এক সংসারে থাকতে থাকতে আবার ঘটি-বাটি মিলেমিশেই কাজ করে। মিনতি কোনোদিন গলা তুলে কথা বলে না, আস্তে করে এমনভাবে কথা বলে দিলীপের লুঙ্গির নীচে পা কাঁপতে

থাকে, গলা দিয়ে আওয়াজ বেরোয় না। মিনতি পয়সা জমায় তিল তিল করে, ইচ্ছে মেয়েকে কানে গলায় অন্তত সোনা দিয়ে বিয়ে দেবে। ট্রাঙ্কে বিয়ের লাল ইমিটেশন বেনারসির ভাঁজে টাকা জমায়। সেকথা মিনতি দিলীপকেও জানায় না। বুঝে গেছে পেট পাতলা সরল মানুষটা ঠিক শ্বাশুরিকে গিয়ে বলবে। ছেলেমেয়েকে কঠোর শাসনে রাখে ঠিক সেনবউদির মতন। সেনবউদিরা কী বড়োলোক, কিন্তু বউদি তার ছেলেমেয়েকে কোনোকিছুতে এক চুলও আস্কারা দেয় না। ছেলেমেয়ে দুটো হচ্ছে তেমন সোনার টুকরো, ক্লাসে ফার্স্ট হয়। মিনতি সেনবউদির বাড়ি আগে তার ছেলেমেয়েকে পড়াত, এখন ওরা উঁচু ক্লাস তাই আর পড়ায় না। সেনবউদির শ্বাশুরি আর বউদিকে তেল মালিশ করে দেয় সপ্তাহে দু-দিন। এটা অবশ্য দিলীপরা কেউ জানে না। ওরা জানে যে মিনতি ওদের বাচ্চাদের বাংলাটা দেখিয়ে দেয়। মিনতি বাংলা অনার্স নিয়ে কলেজে এক বছর পড়েছে।

মিনতির শ্বাশুরি হঠাৎ মারা গেলে তার ঘাটকাজ, শ্রাদ্ধশান্তির জন্য মিনতি জমানো টাকা সবটাই তুলে দেয় দিলীপের হাতে। দিলীপের রোজগারে তাদের খাওয়া চলে যায় ঠিক কথা। কিন্তু তার বাইরে বড় খরচ আসলেই দিলীপ দিশাহারা হয়ে যায়। মিনতি মনে মনে ভাবে আবার

জমিয়ে ফেলবে, এবার একটু বেশি করে জমাবে। একজন তো সংসার থেকে কমে গেল, নিশ্চয়ই খরচ কিছু কমবে। দুটো টিউশন আরও বেশি নিল। সেই সকাল থেকে উঠে চায়ে ডুবিয়ে পাউরুটি খেয়ে দুটো বাচ্চা পড়ায়। পড়াতে পড়াতে ভাত, ডাল, আলু সেদ্ধ বানিয়ে নেয়। ছেলেমেয়ে দুটোই দুপুরে স্কুলে যায়। পাউরুটিতে একটু মাখন মাখিয়ে চিনি ছড়িয়ে বা জেলি মাখিয়ে টিফিন দেয়। ছেলে মাঝে মাঝে একই টিফিন নিতে চায় না। তখন মিনতি ছেলেকে বেশ করে ধোলাই দেয়। হা হা করে কাঁদতে কাঁদতে ছেলে ওর বাবার সাইকেলে চেপে স্কুলে যায়। মিনতি জানে, ওখানে ঠিক দিলীপ ছেলের হাতে পাঁচ, দশ টাকা দেয় আইসক্রিম খাওয়ার জন্য।

মাঝে মাঝেই ঘরের দোর দিয়ে বাক্স খুলে শাড়ির ভাঁজ থেকে টাকা নিয়ে গুনে দেখে কত হল। সেনবউদি বলেছে প্রায় কিছু না হলেও অন্তত পক্ষে কুড়ি হাজার প্রয়োজন। জমায় আবার খরচ হয়ে যায় ছেলের টাইফয়েডের চিকিৎসায়। তারপর মেয়ের স্কুলের সহায়িকা বই কিনতে, দিলীপের হাত ভেঙে দু-মাস ঘরে বসে থাকাতে খরচ হয়ে যায় সেই টাকা। আবার নতুন উদ্যমে টাকা সঞ্চয়ে লেগে পড়ে মিনতি। সংসার যে এত বড় হাঁ করে আছে, তাতে

কত কত দিলেও সেই ভুখ ঠান্ডা আর হয় না, সেই ভেবে মিনতি আরও পরিশ্রম করবে ভাবে।

প্রচণ্ড গরম। কেমন যেন গুম ধরা প্রকৃতি। মিনতি ভাতে ভাত বানিয়েছিল, ছেলেমেয়ে খেয়ে স্কুলে গেছে। ছেলেমেয়েটার ভাতে একটু ঘি, মাখন তুলে দিতে পারত নিজের টাকা দিয়ে, তাছাড়া সিজিনের ফল, ছেলেমেয়ের স্কুলের বই খাতা পেন, পেনসিলের জন্য দিলীপের কাছে হাত পাততে হয়নি কোনোদিন। ভাতের মধ্যে কুঁজো থেকে ঠাণ্ডা জল নিয়ে ঢেলে দেয়। কাঁচা পেয়াজ, লঙ্কা আর আলু ভাতে দিয়ে দিব্যি দুজনের এবেলা চলে যাবে।

"বউ, এক গ্লাস জল দিবি?" লম্বা করে জিভ কেটে "দাও" বলতেই মিনতি হেসে ফেলে। দিলীপ আগে তুই করেই বলত, ছেলেমেয়ে বড় হয়ে কী ভাববে বলে মিনতির বকা খেয়ে তুই ভুল করে বলে ফেললেও তুমি বলে।

ঢকঢক করে গ্লাসের জলটা শেষ করে বলে, "মন খারাপ নাকি?"

"আজকাল আর টিউশনির জন্য বাচ্চা হচ্ছে কই? সবাই ইংলিশে যাচ্ছে, বাংলায় পড়ে নাকি বাচ্চাদের ইহকাল পরকাল ঝরঝরে। আমার কাছে আর কে বাচ্চাকে পড়াতে দেবে? ইংরাজি আমি তো তেমন জানি না। একেবারে

লোয়ার কেজি ছাড়া কিছুই পড়াতে পারব না। ওসব পড়ানোর টেকনিক আমার জানা নেই। কী যে হবে তাই ভাবছি!”

“তুমি এইটুকু হাল ধরেছিলে বলে সংসারটা সুখ দেখেছিল। তোমার এই কথায় আমারও ভয় লাগছে। দুটো এক্সট্রা টাকা আসত, তাও বন্ধ হয়ে যাবে? একটুকু সুসার হত, কোন আবাগীর ব্যাটার যে নজর লাগল?” দিলীপের এই এক দোষ কিছুতে কিছু তাল না পেলে অদৃষ্টের দোষ দেবে, নয়তো কারোর নজর লেগেছে বলে তড়পাবে।

“শোন না, সেনবউদিদের বাড়ির রান্নার বউটা কাজ ছেড়ে দিচ্ছে। যদি আমি কাজটা করি? অনেকগুলো টাকা একসাথে, ধরো পাঁচটা বাচ্চা পড়িয়ে যা পেতাম তাই এক বাড়ি থেকেই যদি পেয়ে যাই?”

ঘাড় গোঁজ করে বসে থাকে দিলীপ। তারপর মিনতির হাতে হাত দিয়ে কেঁদে ফেলে, “তুই দিদিমনি থেকে কাজের লোক হবি বউ? আমার কতই না গব্ব হত যে তুই পড়াশুনা জানিস, বাচ্চাদের পড়াস। শেষে কিনা রান্না করবি? হায়! অদৃষ্ট!”

“দেখ, কাজ করে খাওয়াতে কোনো লজ্জা নেই, সে পড়া শেখাই কিংবা রান্না করি। সময়টা পাল্টে গেছে। দেখ না, তোমার কাছে আগে যারা সাইকেল নিয়ে আসত তারা এখন মোটর বাইক চড়ে। ভাগ্যিস সামনেই এই বড়ো

বড়ো ফ্ল্যাট-বাড়িগুলো আছে, তাই না বিকেলের দিকে আর ছুটির দিন সাইকেল সারাবার জন্য বাচ্চাদের ভিড়। বড়ো বড়ো স্কুলে যাওয়া ছেলেমেয়েগুলো কোচিং যায়, স্কুল যায় সাইকেল চড়ে। দিদির দৌলতে মেয়েরাও এখন সাইকেলে করে স্কুলে যায়।" মিনতি ভাবে তার কী বাজে কপাল ছিল যে পাক্কা পয়তাল্লিশ মিনিট হেঁটে মানিকডাঙ্গা থেকে তাদের বালিকা বিদ্যালয়ে যেত। বৃষ্টি, রোদ সব মাথায় করেই তো যেত।

খানিক চুপ থেকে আবার বলে, "কিন্তু পাঁচ বছরের মধ্যে দেখবে ওই যে ছোটো গাড়িটা স্কুটি না কী যেন তাই চালাবে। তোমাকেও কিছু ভাবতে হবে নতুন করে। সময়ের সাথে সাথে আমাদেরও পাল্টাতে হবে।"

"কি বলছিস বউ? আমি এবার কি মোটর সাইকেল সারাব? ওসব কি আমি জানি?"

"তুমি বরং মেইন রোডের উপর যে মণ্ডলদাদের গ্যারেজ আছে তাতে কাজ দেখ। ওখানে শুনেছি শিফটে কাজ হয়। সন্ধের পরে দোকান বন্ধ করে হাঁ করে টিভি না গিলে এমন কিছু ভাব দিকিন। একটু চিন্তাতেই তো তোমার আবার আমাশা শুরু হয়ে যায়।"

"এই বয়সে এসে কি নতুন কিছু শেখা যায়?"

"কেন যায় না? সেনদা নাকি কম্পিউটার কিছু জানত না, ব্যাঙ্কের চাকরি, শিখে নিতে হল। ট্রেনিং নিয়ে শিখে তো

গেল। শেখার কোনো বয়স নেই। অনেক দায়িত্ব আমাদের, মেয়েটাকে কলেজ অব্দি পড়াব, বিয়ে দিতে হবে। খুব শখ ছিল মেয়েটাকে একটা নেকলেস দেব একেবারে আসলে সোনার। ছেলেটাকেও লেখাপড়া শিখিয়ে একটা ভালো চাকরি করতে বলব।"

"তুই কত ভাবতে পারিস বউ। আচ্ছা, বলছিস যখুন। দেখি মণ্ডলদাকে বলে।"

"আজকাল শুনছি মলে অনেক চাকরি আছে, আমি একদিন মলে গিয়ে দেখেছি প্যান্ট, শার্ট পরে মেয়েরা কী সুন্দর কাজ করছে। কতরকমের কাজ আছে, করতে পারলেই টাকা আসবে।"

গা-টা ম্যাজম্যাজ করছে বলে সেনবউদি বিকেলে আসতে মানা করেছে। ঘুমিয়েই ছিল, সন্ধে হলে মেয়েটা ধূপকাঠি জ্বেলে শাঁখ বাজালে মিনতি উঠে বসে দু-হাত জড়ো করে কপালে ঠেকাল। দিলীপ গা ধুয়ে এসে বসে, "কী ব্যাপার শরিল খারাপ নাকি? এই দেবী, তোদের মায়ের কি জ্বর হল? এই অসময়ে শুয়ে থাকার মানুষ তো সে লয়।"

"উফ! তুমি তো শুনেছি মাধ্যমিক পাশ। কিন্তু এমন ভাষায় কথা বল কেন? ছেলেমেয়েগুলো এরকম করে কথা বলবে না কি?"

"আরে, ধুর! আমার আবার মাধ্যমিক পাশ। কোনোরকমে ঠেলেঠুলে পাশ করেছি। ওই গুরুপে পাশ যাকে বলে।"

ঘরে টিভি চলছে, সবাই খাচ্ছে। দেবী রুটি আর আলু ভাজা বানিয়েছে। মিনতির জন্য দুধ এনে দিয়েছে দিলীপ। দুধে রুটি ডুবিয়ে খাচ্ছে। টিভিতে এক নায়িকা তার রূপের ছটা ছড়িয়ে, মনোমুগ্ধকর হাসি দিয়ে নানারকম খেলা পরিচালনা করছে। বাড়ির বউরাই নানা কথা বলছে, কেউ হাসছে, কেউ কাঁদছে, কেউ তার সফলতার কথা বলছে। খেলার শেষে বিজয়ী মহিলা হাসিমুখে কত কত উপহার নিয়ে দাঁড়িয়ে আছে। সেই নায়িকা এসে জড়িয়ে ধরছে, একটা নামকরা গয়নার দোকানের নেকলেস পরিয়ে দিচ্ছে। 'বিজয়িনী বউদি' অনুষ্ঠানটা মিনতি মন দিয়ে দেখে। কী সহজ সহজ প্রশ্ন, মিনতি বসে বসে সব বলে দেয়। দিলীপ ভাবে আমার বউ কতই না জানে। মিনতি ঘুমিয়ে ঘুমিয়ে স্বপ্ন দেখে একটা ফ্রিজ জিতেছে আর তার থেকে ঠান্ডা জল বের করে খাচ্ছে, কখন স্বপ্ন দেখে একটা বড় টিভি, ডাইনিং টেবিল, সোফা সেট, সুন্দর খাট, দারুণ দারুণ শাড়ি, কুকার, ননস্টিক বাসন, আলমারি, শোকেস। ঘর সাজিয়ে ফেলেছে মিনতি সুন্দর করে। সবাই মিনতিকে দেখতে আসছে। মিনতির গলায় সোনার নেকলেস।

মিনতি সেনবউদির সাহায্যে ফর্ম ফিলাপ করে আশা করে বসে রইল কোনোদিন যদি ডাক আসে। সত্যি একদিন অডিশনে গেলো দুরুদুরু বুকে, সিলেক্টও হয়ে গেল। কতকিছু দিয়ে মিনতিকে সাজানো হল, মিনতি নিজেকে নিজেই চিনতে পারছিল না। এত সাজ কোনোদিনও সাজেনি। শেষে একজন গ্রুমার তার হাতে একটা কাগজ ধরিয়ে দিল। মিনতি সেটা পড়ে অবাক। মিনতি তো এমনকিছু বলেনি যে মিনতি একবেলা খায়, একবেলা খায়না, লোকের বাড়ি বাচ্চাবয়স থেকে বাসন মেজে কলেজ অবধি গেছিল। বিয়ের পরেও বর আর শ্বাশুরির মারধর সয়েও বাসন মেজে সংসার চালায়। মিনতি ছুটে গিয়ে বলে, "আমি তো বাচ্চাদের পড়াতাম, বাসন তো মাজিনি। এটা মনে হয় অন্য কারোর কাগজ। তাছাড়া বর, শ্বাশুরি কোনোদিন গায়ে হাত তোলেনি। এগুলো সর্বৈব মিথ্যে গল্প।" গ্রুমারের একজন গম্ভীর গলায় বলে, "ঠিক আছে আপনি যখন বাসন মাজা ব্যাপারটায় লজ্জা পাচ্ছেন, তাহলে ওখানে লিখে দিচ্ছি বাচ্চাদের দেখভাল করতেন, এই বাচ্চাদের আয়া যেমন হয় আরকী!"

"কিন্তু আমি তো আয়া নই। তাছাড়া আমি উচ্চমাধ্যমিক পাশ, আমি বাচ্চাদের পড়াই সবাই জানে আমাদের ওখানে। যদি বলেন তো স্টুডেন্টদের বাবা-মাকে ফোন করে জেনে নিন"।

"দেখুন দিদি, আজকাল এমএ, বিএ পাশ করেও মানুষ কাজ না পেয়ে যে কোনো কাজ করছে, আর আপনি তো সবে কলেজে গেছিলেন। গ্র্যাজুয়েট হলে আমরা তাও একটা ক্যাটাগরিতে আপনাকে দিতাম কিন্তু আপনি আণ্ডার গ্র্যাজুয়েট তাই আপনাকে স্ট্রাগলার বউদির ক্যাটাগরিতে রাখা হয়েছে। আমরা যেমনটা বলব, আপনি তেমনটাই বলবেন। আমাদের প্রোগ্রামটার টিআরপির কথাও আমাদের মাথায় রাখতে হয়। এই প্রোগ্রামটা সাধারণত সব মহিলারাই দেখেন।"

দু-চোখ ভরে জল চলে আসে মিনতির। বানানো কথা বলতে হবে জানলে মিনতি কি আসত? ইশ! ছেলেমেয়ের সামনে মুখ থাকবে? মিনতিকে লোভী ভাববে না সবাই? মিনতির নিজের উপর ছিঃ ছিঃ মনে হল। যদি পালিয়ে যেতে পারা যেত, এখুনি মিনতি পালিয়ে যেত। এই যে টিভিতে এত কিছু দেখায় সবটা বানানো? সবাই বানিয়ে কথা বলে? আচ্ছা, মিনতি তো গরীব কিন্তু অনেক বড়োলোকেরাও তো এখানে এসে এত প্রাইজ নিয়ে যায়, তারাও এমন এমন মিথ্যে বলে? কিন্তু কেন? তাদের কীসের অভাব? লজ্জায়, ঘেন্নায় মিনতির দু-চোখে জল এসে যায়। অন্য একজন পাশে এসে দাঁড়ায় গায়ে হাত বুলিয়ে বলে, "এতদূর এসেছেন যখন মেনে নিন। খেলতে এসে দান ছেড়ে উঠে যাবেন? খেলার সময় যোগ্য জবাব

দিয়ে জিতে নিন আপনার এই অপমান, অবহেলাকে।" তাও মন মানে না মিনতির। ইশ! কী ভাববে দিলীপ? মানুষটা কোনোদিন তাকে গায়ে হাত তোলা দূর অস্ত, জোরে কথা বলে বকাবকি করেনি, মানুষটা মদ খায় না। কিন্তু এরা কীসব বানিয়ে বানিয়ে বলতে বলছে, কীভাবে এই মিথ্যা বলবে? ছেলেমেয়ে কীভাবে দেখবে? ছেলেমেয়ে ভাববে না মা একটা নেকলেস জেতার জন্য মিথ্যা বলেছে। পাড়ার সবাই যারা মিনতির সাথে আজেবাজে কথা বলতে ভয় পায় তারা কি আর সেই সম্মান দেবে? সবাই চারদিক থেকে বলবে না মিথ্যুক মিথ্যুক মিথ্যুক?

আলো জ্বলে ওঠে চারদিকে, কত কত ক্যামেরা। হাস্যময়ী লাস্যময়ী নায়িকা এলেন, হাসি ছড়িয়ে সবার মুখের দিকে তাকিয়ে মুহূর্তের মধ্যে প্রফেশনাল ওয়েতে বলতে লাগলেন অনুষ্ঠানটির কথা। এবার আলাপ পরিচয় করতে করতে মিনতির দিকে ক্যামেরা। "বউদি, আপনি বলুন আপনার যুদ্ধের কথা। আপনি কতটা অসহায় একজন মহিলা হয়ে পড়ার সুযোগ পাননি, কাজ করে সংসারে টাকা দিয়েও যোগ্য সম্মান পাননি, সব বলুন আমাদের। আপনি কীভাবে মাথা উঁচু করে ছেলেমেয়েকে লেখাপড়া শেখাচ্ছেন?"

নায়িকা চুপ করে গেলেই মিনতির বুক ঢিপঢিপ করতে লাগল যে অভিনয় করতে হবে একগাদা মিথ্যে বলে। কিন্তু মিনতি তো সব ভুলে গেছে। ওরা কী জানি শিখিয়ে দিয়েছিল, সব তালগোল পাকিয়ে যাচ্ছে মিনতির, দরদর করে ঘামছে। "বলুন বউদি, আপনার কথা বলুন," নায়িকার কথায় একটা ঢোক গিলে, "আমি মিনতি সাহা। আমি অনেক কষ্ট করে পড়াশুনা করে বাংলা অনার্স নিয়ে কলেজে ভর্তি হয়েছিলাম, কিন্তু পরিবারের আর্থিক অসুবিধার জন্য মানে আমার বাবা ছিল না, তাই মামা বিয়ে দিয়ে দিয়েছিল। সেই সংসারেও আর্থিক স্বচ্ছলতা আনতে আমায় কাজ করতেই হয়। জীবনে তো কর্মই ধর্ম" এটুকু বলে চুপ করে যায় মিনতি। নায়িকা আবার চোখে প্রায় জল এনে, "আপনার স্বামী কি আপনাকে কি মারত বা মদ খেয়ে টাকা কেড়ে নিত?" এবার মিনতি অপমানে কেঁদে ফেলল মাথা নেড়ে। এমনভাবে নাড়ল যার অর্থ হ্যাঁ আবার নাও। নায়িকা এসে বুকে জড়িয়ে ধরল। "জীবনে প্রত্যেককে কখনো না কখনো স্ট্রাগল করতেই হয়। আজ আপনাদের দিন। বউদিরা দেখিয়ে দিন হাম কিসি সে কম নেহি।"

মিনতির কান্না দেখে ক্যামেরা ঘুরে গেল পাশের জনের দিকে। মিনতি হাঁপ ছেড়ে বাঁচল। মিনতি গপগপ করে ফুচকা খেতে পারল না। তবে স্কিপিং এ হালকা চেহারা

নিয়ে দিব্যি স্কোরটা ভালো করে ফেলল। ময়দা মেখে ফটাফট গোল গোল দশখানা লুচি বানিয়ে ফেলল পাঁচ মিনিটে। বুদ্ধির ইভেন্টে গিয়ে হেরে যাচ্ছিল মিনতি। নেকলেসের সমস্ত আশা ত্যাগ করে দাঁড়িয়েছিল মিনতি। পাশের জনের একটা শব্দছক এল।

পাশপাশি— এমন তরকারি/ ছোলা দরকারি/লুডোর দান/ লুচি দিয়ে খান

উপর নীচে— মনোহরা মিষ্টি/ দারুণ সে সৃষ্টি/ চার শব্দ খাবার/ দুই শব্দ দুইবার।

পাশের জন বেশি উত্তেজিত হয়ে যাওয়াতে যেই সময় শেষ হল, নায়িকা বলল, “অন্য কেউ?” মিনতি বেল দাবিয়ে দিল। “হ্যাঁ, মিনতিবউদি বলুন,” নায়িকা ভ্রু পল্লব উঁচিয়ে তাকিয়ে আছে মিনতির দিকে।

“পাশাপাশি কুমড়োর ছক্কা, আর উপর নিচে চমচম। কুমড়োর ম এর উপরে একটা চ আর নিচে চম হলেই হবে,” বলাতেই হাততালির ঝড় উঠলে মিনতির মুখে হাসি খেলে গেল। প্রচণ্ড হাততালির ঝড়ের মাঝে লাস্যময়ী নায়িকা এসে মিনতিকে এসে জড়িয়ে ধরে বলল, “আজকের বিজেতা আমাদের স্ট্রাগলার বউদি মিনতিবউদি।” মিনতি কেঁদে ফেলেছে। এ অশ্রুকে আজ কে বাঁধ দেবে? কতদিনের লালিত স্বপ্ন আজ সফল হচ্ছে, মিনতির বহুদিনের বাসনা একটা সোনার নেকলেস।

বিয়ের সময় ফলস গয়না পরেছিল, শ্বাশুরি সোয়ামী ভেবেছিল সোনার গয়না। শ্বাশুরি ফলস গয়না জানতে পেরে একটু মুখ বেঁকিয়েছিল। সেদিন থেকে মিনতি ভেবেছে একটা সোনার নেকলেস বানাবে। টাকাপয়সা অনেকবার জমিয়েছে কিন্তু সংসারের হাঁ মুখ বন্ধ করার জন্য খরচ হয়ে গেছে। মেয়ে জন্মাবার পর মনে মনে ইচ্ছেটা দৃঢ় হয়েছিল কিন্তু মিনতি কতবার পোস্টঅফিসে টাকা জমিয়েছে, ট্রাঙ্কে শাড়ির ভাঁজে জমিয়েছে, আবার নানা কারণে সে-সব তুলে নিয়েছে। আজ সেই ইচ্ছে, সেই স্বপ্ন সত্যি হয়েছে, গলায় চকচক করছে সোনার নেকলেস। কতবার ঘুরিয়ে ফিরিয়ে দেখছে নিজেকে, ক্লিক ক্লিক ছবি উঠছে। হাসছে মিনতি খুব হাসছে। এত হাসি আগে কি কোনোদিন হেসেছিল মিনতি?

মিনতি একটা ট্রাক ভাড়া করে নিয়ে এল রট আয়রনের ডাবল খাট, একটা বড় এলসিডি টিভি, মাইক্রো আভেন, পেডেস্টাল ফ্যান, বেনারসির মতো সুন্দর একটা গোলাপি শাড়ি, কুকার, ননস্টিক বাসন আসলেও যা আসেনি তা হল সোনার নেকলেস। ওখান থেকে খুলে নিয়েছে, বলেছে পরে দেবে। সবাই বেনারসি দেখে চোখ টাটাচ্ছে, টিভির বাক্সে হাত বুলাচ্ছে, মাইক্রো আভেন নিয়ে মিনতি কী করবে তাই নিয়ে কত গল্প হাসাহাসি করছে সবাই।

মিনতির খুব ইচ্ছে আছে একদিন কেক বানাবে। সেনবাড়ির বউদিকে দেখেছে তো কেক বানাতে। মিনতিও ঠিক বানাতে পারবে। কিন্তু মনের মাঝে হেভি খচখচানি হচ্ছে মিনতির। আচ্ছা, ওরা নেকলেসটা দেবে তো? সবাই নেকলেস দেখতে চাইছে। সবাইকে মিনতি বলেছে, "ওরা ফ্রেশ গয়না দেবে।" রাতে শুয়ে মিনতির ঘুম আসছিল না। খালি মনে কু গাইছিল যে সোনার জিনিস দামটাও নেহাত কম নয়, ওরা মনে হয় দেবে না। কেন যে বারবার মনে হচ্ছে? এপাশ ওপাশ করতে করতে ঘুমিয়ে পড়ল মিনতি। দিন যায়, মাস যায় রট আয়রনের খাটে ছেলে আর দিলীপ ঘুমায়, মাইক্রো আভেনে দুবার কেক বানিয়ে অবশেষে পাশেই কেক, পেস্ট্রি বিক্রি করে একটা কনফেকশনারির দোকানে বেচে দিল, পেডেস্টাল ফ্যানের হাওয়া খায়, টিভিটা পাড়ার ক্লাবের ছেলেরা কম দামে কিনে নেয়। কুকার, বাসন, বেনারসি তুলে রাখা আছে মেয়ের বিয়ের জন্য। কিন্তু নেকলেস আর আসে না। দু-তিনবার মিনতি গিয়েছিল দেখা করতে, কেউ আসেনি, দেখাও করেনি। এখন আর ওই টিভি শো বন্ধ হয়ে গেছে। নামি সোনার দোকানেও গিয়েছিল কিন্তু দরোয়ান ঢুকতেই দেয়নি। মিনতি পাড়ার অন্যান্য মেয়ে বউদের মতো চেঁচাতে পারে না, গালিগালাজ দিয়ে কথা বলার কথা ভাবতেও পারে না। একেকসময় মনে হয়েছে অমন করতে পারলে বোধ হয়

মন হালকা হত। গলায় সোনার নেকলেস পরা ছবিটার দিকে হাঁ করে চেয়ে থাকে শুধু আর চোখ দিয়ে জল গড়ায়। অন্যমনস্ক হয়ে একদিন স্টোভে কেরোসিন ঢালতে গিয়ে কিছু আঁচলে পড়ে, আর সেদিন অঘটনটা ঘটেই যায়। চারদিন গায়ে প্রচণ্ড জ্বালা যন্ত্রণা নিয়ে মিনতি মারা যায়। হতভম্ব দিলীপ কুলকিনারা না পেয়ে অদৃষ্টকে দোষারোপ করে, কাঁদে, বুক চাপড়ায়। ভাঙা সংসার খুঁড়িয়ে চলতে থাকে। ছেলেমেয়ে, তাদের বাপ মাঝে-মাঝেই মিনতির নেকলেস পরা হাসিমুখ ছবিটার দিকে তাকিয়ে থাকে, ঘন ঘন নিঃশ্বাস ফেলে। বড় সাধ ছিল মিনতির একটা সোনার নেকলেসের।

হঠাৎ একদিন মিনতির ফোনে ফোন আসে যে নেকলেস নিয়ে আসার জন্য। দিলীপ ফোনটা ছুড়ে ভেঙে ফেলে।

পাগল ও ঈশ্বরী

শ্রীময়ী ঘরের এক কোণে বসে আলো চালের সাথে আলু, কুমড়ো সিদ্ধতে একটু ঘি, নুন দিয়ে মেখে মুখে তুলতেই দীর্ঘশ্বাস ফেললেন হিমাংশু। মেয়েকে অনেক বুঝিয়েও মুখে মাছ মাংস তোলাতে পারেননি। এই সময়ে এসেও মেয়ে তার বৈধব্য পালন করবে ভেবে বড্ড কষ্ট পেয়েছেন, এখনো পাচ্ছেন কিন্তু মেয়ের জেদের কাছে হার মেনে বসে আছেন।

হিমাংশু ছোটোবেলার বন্ধু সনাতন সান্যালের একমাত্র ছেলের সাথে বিয়ে দিয়েছিলেন তার একমাত্র আদরের ধন শ্রীর সাথে। এত সুন্দর, ফরসা, পানপাতা মুখখানা যেন মা দুর্গার কথা মনে করিয়ে দেয়। সনাতন একবার দেখেই সেদিনই আশীর্বাদ করে গেছিলেন। মা মরা মেয়েটা চেনা ঘরে যাবে ভেবে শান্তি পেয়েছিলেন হিমাংশু। কিন্তু ভবিতব্য কে খণ্ডাবে? জলজ্যান্ত ছেলেটা একটা রোড অ্যাক্সিডেন্টে মারা গেল। কনিষ্ক কত সুদর্শন, স্মার্ট ছেলে ছিল। শ্রীর সাথে কত সুন্দর মানিয়েছিল, কিন্তু উপরওয়ালার মনঃপুত ছিল না বোধ হয়। কনিষ্কর মায়ের উপর প্রথমে রাগ হয়েছিল, কিন্তু হিমাংশু পরে ভেবে দেখেছেন সন্তানহারা মায়ের সেই সময়ের হাহাকার

স্বাভাবিক। সনাতন হিমাংশুর হাত ধরে বলেছিল, "কিছু মনে করিস না, সবটাই পুত্রহারা মায়ের বিলাপ। তোর মেয়ের কোনো দোষ নেই। অ্যাক্সিডেন্টে ছেলেটা এভাবে শেষ হয়ে গেল। আমার পরিবার তোর মেয়েকে উঠতে বসতে কথা শোনাবে, মেয়েটা ভালো থাকতে পারবে না। তুই শ্রীকে নিয়ে যা।"

হিমাংশু নিয়ে এসেছিলেন মেয়েকে। সাদা থান পরা মেয়েকে দেখে ভ্রু কুঁচকে মানা করেছিলেন, কিন্তু মেয়ে শোনেনি। কনিষ্কর ঠাকুমা নাকি এভাবেই সবকিছু পালন করে, তাই শ্রীও করবে। শ্রী একজন শিক্ষিত মেয়ে, সে ইতিহাসে এমএ করেছে, পিএইচডি করেছে, সেই মেয়ে কেন যে এভাবে নিজের জীবন কাটাবে করবে তা ভেবে পান না হিমাংশু। মেয়ের সাদা শাড়ি আর শূন্য সিঁথি দেখে বুকের ভিতরটা হু হু করে, তা বাপ হয়ে দেখে যে কষ্ট পান মেয়েটা কি বোঝে না? হিমাংশু ছিলেন প্রমথনাথ উচ্চ বিদ্যালয়ের প্রধান শিক্ষক, এই সবে অবসর নিয়েছেন। কোথায় ভেবেছিলেন তীর্থে ঘুরে বেড়াবেন, সমাজ সেবা করবেন, তা নয় মেয়ের জন্য ঘরেই নিজেকে বেঁধে রাখতে হবে। মেয়েকে কতবার বলেছেন পুরী, হরিদ্বার, বেনারস ঘুরে আসি চল, কিন্তু মেয়ে ঘর থেকে বের হতেই চায় না। সারাদিন জানলার পাশে দাঁড়িয়ে

থাকে, চুপ করে শুয়ে থাকে আর হিমাংশুর জন্য রান্না করে। হিমাংশুর রান্না চিরকাল ভোলার বউ কাত্যায়নী করে এসেছে। ভোলা বহুদিন হল হিমাংশুদের বাড়িতে আশ্রিত। মায়ের মৃত্যুর পর শ্রী কাত্যায়নীর কাছেই এটা খাব ওটা খাব বায়না করত। বিয়ের আগে রান্না শিখতে চাইত, কিছু রান্নাও করত। বিয়ের পর কনিষ্কর জন্য নিজে হাতে কত কিছু বানাতে শিখে গেছিল। এমনিতে কনিষ্কদের বাড়িতে রান্নার লোক ছিল, তাও ইচ্ছে মতো নানা কিছু বানাত শ্রী। কনিষ্কর সাথে ঘুরতে যাওয়া, শপিং করা, মুভি দেখা খুনসুটিময় দিনকটির কথা মনে হলেই বুকের ভিতর হু হু করে ওঠে, মাঝে মাঝে বিশ্বাস করতেই কষ্ট হয় যে কনিষ্ক নেই। মনে হয় কোনো প্রোজেক্টের কাজে বিদেশ গেছে, হঠাৎ এসে দাঁড়াবে শ্রী-কে জড়িয়ে ধরবে, আদর করবে। জানলার ধার দিয়ে চাঁপা ফুলের গন্ধ এসে অবশ করে দেয় শ্রীকে, বড়ো কাতর লাগে, অলস হয়ে যায় মন।

হিমাংশুকে মাছের মুড়োটা এগিয়ে দেয় শ্রী। "তোকে বলেছি না, আমাকেও নিরামিষ দিতে। আমি খাব না," বলে বাটিটা সরিয়ে দেয় হিমাংশু। করুণ মুখটা আরও করুণ হয়ে যায় শ্রীর, চোখ দিয়ে টপ-টপ করে জল পড়ে। হিমাংশুকে আশ্বস্ত করে একবছর অন্তত মাছ মাংস

খাওয়ার জন্য জোর না করতে, তারপর ভেবে দেখবে। হিমাংশু কিছু দুঃস্থ বাচ্চাকে পড়াত, এখন তারা শ্রীয়ের কাছে পড়ে। সন্ধেবেলাটা খুব ভালো কেটে যায়। শনিবার, রোববার যেন কাটতেই চায় না। বাগানের দিকটা ঝুপ্পুস অন্ধকার, আরও অন্ধকার হয়, জোনাকিদের আনাগোনা দেখতে দেখতে পুরোনো দিন, মায়ের কথা মনে পড়ে যায়। হিমাংশু টেলিভিশন দেখেন, খবর শোনেন, শ্রীকেও ডাকেন কিন্তু শ্রী আসে না। হিমাংশু স্কুলের লাইব্রেরি থেকে বই এনে দেন, তা নিয়ে বসে থাকে। দু-পৃষ্ঠা পড়ে আবার উদাস হয়ে যায়। মা মারা যাওয়ার পর এতটা একাকীত্ব টের পায়নি শ্রী। সে তার পিএইচডি নিয়ে ব্যস্ত ছিল। এখন বোঝে বাবা কীরকম একা হয়ে গেছিল, যদিও বাবার স্কুল ছিল, ছাত্ররা ছিল। এখনো কত ছাত্র আসে, কত আলোচনা চলে। কৃতি ছাত্ররা এলে হিমাংশুর আহ্লাদ দেখার মতো। শ্রী-কে ডাকেন বারবার, কিছু খেতে দিতে বলেন। বাবার আনন্দ শিশুর মতন হয়ে যায়।

এক একটা দিন কীরকম আঁধার নিয়ে আসে। এক সকালে ভোলার চিৎকারে ঘুম ভেঙ্গে যায় শ্রী-এর। প্রথমটা বুঝে উঠতে পারেনি কী হয়েছে। পরে বুঝতে পারল হিমাংশু আর নেই। ঘুমিয়ে ঘুমিয়ে চলে গেলেন শ্রী-কে একা করে।

হিমাংশু চলে যাওয়ার পর শ্রী আজকাল ঘরে টিকতে পারে না। মাঝে মাঝেই এসে পুকুরপারে বুড়ো নিমগাছের তলায় বসে থাকে। ভোলার পোষা হাঁসেরা জলে ভেসে বেড়ায়, মাথা একবার ডোবায় আবার উঠে ঝেড়ে নেয়। সার-সার দিয়ে এমনভাবে ভাসে মনে হয় ভেসে থাকাতেই সুখ। সাদা ফকফকে হাঁসটার উপর শ্রীর ভারী মায়া। মনে মনে একটা নামও দিয়েছে, শ্বেতা। কমলা ঠোঁট ডুবিয়ে মাছ খোঁজে। মোবাইলে ছবি তুলে রাখে শ্রী। কনিষ্ক কী সুন্দর ছবি তুলত ভেবে হালকা হাসির সাথে দীর্ঘশ্বাস পড়ে। একটু সাইডে একটা বাঁশের উপর বসে থাকে মাছরাঙা। মাছরাঙার সৌন্দর্যে মুগ্ধ হয়ে যায় শ্রী। দূর থেকে ছাতার পরিবারের কথোপকথন ভেসে আসে। কিছু আত্মীয়স্বজন এসেছিল হিমাংশুর মৃত্যুর খবর পেয়ে। শ্রাদ্ধশান্তি মিটে গেলে যে ক-জন জ্ঞাতি ছিল তারাও মৎস্যমুখের পর চলে গেছে।

আজ হিমাংশু নেই প্রায় এক মাস হল। শ্রী দুপুরবেলায় একা একা পুকুরপাড়ে বসে আছে। পাশেই হলুদ ক্ষেত। ভোলা আর কাত্যায়নীর ঘর পুকুরধারে। তার পাশেই ওদের লাগানো হলুদ ক্ষেত। ওদের ঘরের পাশের রাংচিতার বেড়া ঘেঁষে নয়নতারা ফুলে ফুলে ভরা উঠোন, মাচায় একটা লাউ আর দুটো হলুদ কুমড়ো ফুল রোদের

তেজে শুকিয়ে গেছে। দিনে ওরা পুকুরপাড়ের ঘরে থাকলেও রাতে শ্রীর অনুরোধে নীচতলার ঘরে শোয়। শ্রী পুকুরপাড়ে বসে আছে চুপচাপ, কোথা থেকে এক বসন্তবৌরি ডেকে যাচ্ছে একটানা, নিমফল টুপ-টুপ করে পুকুরের জলে পড়ছে, দূরে ওপারেও মনে হচ্ছে ঘুমিয়ে আছে গ্রাম। এই গ্রীষ্মের অলস দুপুরে সবাই ঘুমিয়ে থাকে। তিরিতিরি হাওয়া বুকে জেগে আছে শ্রী। শুকনো চোখের তারায় একটা বিশাল শূন্যতা। কত কিছু দেখে আবার দেখেও না। ঘুঘু পাখি হাঁটাহাঁটি করছে শ্রীকে ঘিরে। একটা শালিখের ক্যাঁচ ক্যাঁচ ডাকে চমকে ওঠে শ্রী। হঠাৎ পুকুর থেকে উঠে আসে দাড়ি গোঁফের জঙ্গলধারী এক মাঝবয়সি পুরুষ। সুঠাম চেহারা, গায়ের রঙ তামাটে আর চোখদুটো এতটাই উজ্জ্বল যে দেখলে বুকের ভিতর কেঁপে ওঠে। শ্রী আচমকা দেখে ভয়ে চিৎকার করে ওঠে হাত থেকে পড়ে যায় থালা, বাটি, গ্লাস। শ্রী নিজের এই বাসনটুকু নিজে মাজে, স্বপাকে খায়। চাটুকু কাত্যায়নী বানিয়ে দেয়। খায়ই বা কী? কনিষ্কর ঠাকুমা অন্ন কারোর হাতে খেতেন না। লুচি, সুজি, তরকারি খেতেন। শ্রীও সেগুলো মেনে চলে। কাত্যায়নী, ভোলা অনেক বলেছে, হিমাংশু অনেক বুঝিয়েছে কিন্তু শ্রী শোনেনি।

শ্রীর চিৎকার শুনে কাত্যায়নী বেরিয়ে এসে দেখে একটা লোক গা মিশমিশে লোমে ভর্তি, সারা মুখে দাড়ি গোঁফে ভরপুর শ্রীর সামনে হাত জোর করে দাঁড়িয়ে। ভিজে খালি গা আর নিম্নাঙ্গে ধুতি। টপটপ করে জল ঝরছে মাটিতে।

"হেই, কে গো? পাগল না কি?"

"ঈশ্বরী দু-মুঠো খেতে দেবে?"— শ্রীর কাছে প্রার্থনা।

শ্রীর ভয় কাটেনি। কাত্যায়নীর দিকে তাকায়। "এটা কি খাওয়ার সময়? সবার খাওয়া হয়ে গেছে। এখন যাও তো! তুমি এলে কোথা থেকে? চিনি না, জানি না, কোথাকার কে এয়েচেন খেতে।" কাত্যায়নীর গলায় শ্লেষ, খানিকটা বিরক্তি।

"আহ, কাতুদি! ওকে মুড়ি, দুধ, আম, কলা দিয়ে মেখে দাও। আজ তো একাদশী, আমার ঘরে তো ভাত নেই।"

"অ, চল গো পাগল। ভালো জায়গায় এয়ে পড়েচো যখন দুটি খেয়ে বিদেয় হও।"

বাড়ির উঠোনে এসে দাঁড়িয়েছে পাগল। কাত্যায়নী ঈশ্বরীর থেকে এক জামবাটি ভর্তি দুধ, চিনি, কলা, আম, মুড়ি দিয়ে পাঠিয়ে দিয়েছে। এই গরমে গায়েই প্রায় ধুতিটা শুকিয়ে যাচ্ছে। উঠোনের কোণে চাতালে বসে গপগপ করে খেতে থাকে পাগল। শ্রীর মায়া হয়। মন থেকে বেরিয়ে আসে শব্দ, আহা রে!

"কাতুদি বাবার এই ধুতিটা আর পাঞ্জাবীটা ওকে দাও, আর এই গামছাটা।"

"এই তো শ্রী এদের তুমি চেননি। খেতে দিলে বসতে চায়, আর বসতে দিলে শুতে। তোমার বাবারও ছেল এমন দয়ার শরিল।"

শ্রী আর কথা না বাড়িয়ে দরজা ভেজিয়ে শুয়ে পড়ে। দোতলায় দুটি পাশাপাশি ঘর আর বাথরুম। এখন সামনের বারান্দা ঘিরে ছোট্ট গ্যাস ওভেনের বন্দোবস্ত করেছে। শ্রী নিজে ফুটিয়ে নেয় সেদ্ধ ভাত। রাতের রুটি বা পরোটা কাত্যায়নী নীচে রান্নাঘরে বানিয়ে নেয়। ভোলা শ্রীর বাবার স্কুলের পিওনের কাজ করে। ওদের সন্তানাদি নেই। এই দুজনকে শ্রীর বাবা মা আপন করে নিজেদের কাছে রেখে দিয়েছিলেন। এখনও আছে। শ্রীর বাবার জমি জায়গা, আমবাগান, পোলট্রি সব দেখাশুনা করে এই ভোলাই। ভোলাই এখন একমাত্র ভরসা।

বিকেল হতে শ্রী গায়ে দু-মগ জল ঢেলে গা ধুয়ে কালো পেড়ে চেক চেক ধনেখালি সাদা শাড়িটা পরে নিল। যে বাচ্চাগুলোকে তার বাবা পড়াত তারা এসে যাবে। শ্রী তাদের দায়িত্ব নিজে নিয়েছে। সিঁড়ি দিয়ে নেমে সে দেখল তাদের নীচতলার বন্ধ ঘরের সামনে বারান্দায় পাগল শুয়ে আছে। শ্রীর দেওয়া ধুতি, পাঞ্জাবী, গামছাকে সুন্দর করে

বালিশ বানিয়ে নিয়েছে। শ্রী থমকে দাঁড়িয়ে রইল। এক শান্তির ঘুমে আচ্ছন্ন, ভাত ঘুম বলা যায় না, তবে ভরা পেটের নিশ্চিন্ত ঘুমে রয়েছে। এমন সময় সদর দরজা ঠেলে হাতে ব্যাগ নিয়ে ঢুকল কাত্যায়নী। এসেই পাগলকে ওরকম ঘুমাতে দেখে রেগে চিৎকার চেঁচামেচি শুরু করে দিল, "এই দেক, আমি বলছেলেম কিনা? খেতে দিলে শুতে চাবে? ও মা গো, এই পাগলকে তাড়াবে কে? কীরকম অসুর অসুর চেহারাখানা দেখেছ? কে বলবে খেতে পায় না? তোমার কাছে হাত জোর করি দাঁড়াল, আর তুমি অমনি দয়ালু হো গেলে। এর মনে কী আছে কে জানে? তুমি সোমত্ত মেয়েমানুষ। এরকম এঁড়ে ঘরে রাকি কী করে? তোমার ভোলাদা কি তাড়াতে পারবে ওই হেগো চেহারা নিয়ে? ভয়েই না হেইগ্যে ফেলে!"

কাত্যায়নীর বলার ধরনে হেসে ফেলে শ্রী। এত কথা শুনে উঠে বসে পাগল। আড়মোরা ভেঙে উঠে দাঁড়ায়। "এই তো ঘুম টুম হয়েছে, এবার কেটে পড়। এ বাড়িতে জায়গা হবে নি।"

পাগল হাসে, আবার চাতালে গিয়ে বসে। "রোদ্দুর ছিল এখানে, তাই দাওয়ায় শুলাম।"

গভীর সেই আওয়াজ শুনে শ্রী কাত্যায়নীর দিকে তাকাল। একে তো ঠিক পাগল মনে হচ্ছে না। কেমন যেন একটা

বৈরাগী লুকিয়ে আছে ওর হাবেভাবে। সত্যি তো শ্রী একে কী বলবে? বলবে, চলে যাও? কিন্তু কটু কথা তো শ্রী বলতে পারে না কোনোদিন। এদিকে একে রাখবেই বা কেন? শ্রী সারাদিন একা থাকে, সেখানে এমন পুরুষ মানুষকে রাখা কি ঠিক কাজ হবে? নানা কিছু শ্রী ভাবে কিন্তু বলতে পারে না।

কাত্যায়নী রাগে অনেক কথা বললেও শ্রী খেয়াল করে পাগল এক মনে আকাশের দিকে তাকিয়ে, শ্রীও আকাশের দিকে তাকাল। আকাশ এখন সেজে নেয় কালো ওড়না জড়াবার আগে, নানা রঙে সাজে, কমলা, গোলাপি, বেগুনি, নীল... শ্রী খেই হারিয়ে ফেলে। পাগল গান ধরে, খাঁচার ভিতর অচিন পাখি ক্যামনে আসে যায়/ ধরতে পারলে মন বেড়ি দিতেম পাখির পায়... কাত্যায়নী গ্যাসে চা বানায়, কাপে চামচ দিয়ে টুং টাং আওয়াজ করে চিনি গোলে। শ্রীর ইশারায় অসন্তুষ্ট কাত্যায়নী পাগলের সামনে গিয়ে ঠক করে চায়ের কাপ রাখে সাথে দুটো মেরি বিস্কুট। পাগল বিস্কুট ডুবিয়ে ডুবিয়ে খায়। গোঁফে ভেজা বিস্কুট লেগে যায়। সুড়ুত করে চা খেয়ে চোখ বোজে। চা শেষ করে গান ধরে, মিলন হবে কত দিনে/ আমার মনের মানুষের সনে... শ্রীর মন কাঁপে, বুক কাঁপে, ঘাম বেড়ে যায়। ফরসা মুখ ঘাম মুছতে মুছতে গোলাপি হয়ে যায়। বাচ্চারা এসে গেলে পাগল চুপ করে চাতালে বসে থাকে। সন্ধে ঘনায়,

শ্রী বাচ্চাদের পড়া বোঝায় রিনরিন শব্দে। পাগল হাঁ করে তাকিয়ে থাকে। ভোলা এসে অনেক কিছু জিজ্ঞাসা করে, চলে যেতে বলে।

"ঈশ্বরী দয়া, ঈশ্বরী আশ্রয়, ঈশ্বরী অন্ন," বিড়বিড় করে পাগল।

শ্রীর হয়ে কাত্যায়নী বলে এর নাম ঈশ্বরী নয়, তুমি অন্য কোথাও যাও। পাগলের চোখের দীপ্তি ম্লান হয়। শ্রী কিছু না বলে দোতলায় উঠে যায়। তার নিজের ঠাম্মাও কোনোদিন কোন দুঃস্থকে ফেরায়নি, কাঙাল ভোজন করাতেন নিয়মিত সেখানে শ্রী কাউকে কীভাবে বলবে বেরিয়ে যেতে? রাতে পাগল ছয় খানা রুটি আর আলুর তরকারি খেয়ে চাতালে শুয়ে পড়ে। কাত্যায়নী গজগজ করতে থাকে। নীচতলার গেটে দুটো তালা লাগায়। বাইরে চাতাল আর তার উপরে বিস্তীর্ণ আকাশ, আর আকাশে ফুটি ফুটি তারা। পাগল তাকিয়ে আকাশের উদ্দেশ্যে হাত জোর করে। শ্রী দোতলার বারান্দায় গ্রিল ধরে দাঁড়িয়ে থাকে স্থির। চাতালের পাশে টগর ফুটছে একটা একটা করে। চাঁদের অনেক কাজ। মানুষকে ঘুম পাড়ায় আর ফুলের কলির ঠোঁটে হালকা স্পর্শ দিয়ে দিয়ে ঘুম ভাঙায়।

পাগল অবশেষে থেকেই গেল। সকালে উঠে গাছে জল দেয়, উঠোন পরিষ্কার করে, বাগানে বসে থাকে সারাদিন।

কাক তাড়ায় বাচ্চাদের মতন। বৃষ্টির দিন চাতালে শুয়ে শুয়ে ভেজে কিন্তু ঘরে আসে না। শ্রী অনেকবার কাত্যায়নীকে বলেছে বৃষ্টির দিন তোমাদের বারান্দাটায় শুতে দাও। নিমরাজি হয়ে পাগলকে বলেছে কাত্যায়নী, "তোমার ঈশ্বরী কয়েছে, বারান্দায় এসি শুতে।"

পাগল খালি হেসেছে। পাগলের হাসি দেখলে কাত্যায়নীর গা জ্বলে। কোথা থেকে উড়ে এসে জুড়ে বসেছে তার উপর তিনবেলার খ্যাটনের ব্যাবস্থা করতে হচ্ছে। শ্রী মাঝে মাঝেই কলকাতা যায় কিছু কাজে। কলেজের চাকরিটা হবে হবে করেও আটকে আছে। নেট ক্লিয়ার করা তবুও এই হাল। শ্রীকে অনেক দূরে পাঠাতে চাইলে শ্রী যেতে চাইছে না। কলকাতার আশেপাশে হলেও না হয় একটা কথা ছিল। কাত্যায়নী বলে যে যেদিন শ্রী থাকে না, পাগল কিছুটি মুখে তোলে না। কিছু খেতে চায় না। খালি দরজা ধরে দাঁড়িয়ে থাকে যে কখন শ্রী আসবে? পাগল নিজের মতো গান গায়, মাঝে মাঝে আকাশের দিকে তাকিয়ে নমস্কারের ভঙ্গি করে দাঁড়িয়ে থাকে, ঘরের জানালা দিয়ে দেখেছে পিছনের বাগানে গাছের সামনে নতজানু হয়ে নমস্কারের ভঙ্গিতে বসে আছে। চোখ দিয়ে কি জল গড়ায়? এত দাড়ি গোঁফ থাকলে কিছুই বোঝা যায় না। কিন্তু শ্রীর মনে হয় পাগল কাঁদে।

গ্রামের লোকজন জানে শ্রীর বাড়িতে একটা পাগল থাকে। শ্রী তাকে আশ্রয় দিয়েছে। অনেকে এসে দেখে গেছে, পাগলকে অনেক কিছু জিজ্ঞাসা করেছে। কোনো উত্তর আসেনি, আকাশের দিকে তাকিয়ে থেকেছে শুধু। ভোলাই একদিন স্কুল থেকে এসে বলল যে একজন মাস্টারমশাই বলেছেন যে ওর নাম রুদ্র বন্দ্যোপাধ্যায়। তালবাগান এলাকায় বাড়ি। তালবাগান শ্রীদের বিশাল পুকুরের ওপাড়ে। সেখানে বন্দ্যোপাধ্যায়দের অনেক নাম, ধনী পরিবার কিন্তু এই রুদ্রকে ওর কাকিমা পায়েসের সাথে কী শিকড় বেটে খাওয়াত তার পর থেকেই প্রচণ্ড মেধাবী বাবা মায়ের একমাত্র সন্তান রুদ্রের মস্তিষ্ক বিকৃতি দেখা দেয়। কাকা কাকিমার অত্যাচারে ঘর ছাড়ে, আর ওর বাবা মাও ছেলের শোকে মারা যায়। সবাই বলছে নিশ্চয় এই পাগল সেই রুদ্র কিন্তু দাড়ি গোঁফ থাকায় বোঝা যাচ্ছে না, আবার নিজের গ্রামে ফিরে এসেছে। কাত্যায়নী অনেকবার রুদ্র বলে ডেকেছে, সাড়া দেয়নি, পাগল বলে ডাকলে দিব্যি সাড়া দেয়। এসব শোনার পর কাত্যায়নী আজকাল খুব পাপবোধে ভোগে। শ্রীকে সেকথা জানিয়েছে।

"আহারে! বড়োলোক বাপ-মায়ের একমাত্র ছেলের কী হাল বলো দিকিন। এক্কেরে আলাভোলা গো। আমি কী পাপ করেছি শ্রী, বামুনের ছেলেকে অচ্ছেদা করিচি। এখুন কী করব?" শ্রী সব শুনে হেসে ফেলেছে। আজকাল কাত্যায়নী

যত্ন নিয়ে খাওয়ায়। মাছটা, ডিমটা বানিয়ে দেয়, সকালে দুধ মুড়ির সাথে আম, কলা মেখে দেয়, নয়তো মুড়ির সাথে নারকেল কোরা চিনি দিয়ে দেয়। পাগলের এখন স্নানের সময় তেল, সাবান জুটে যায় কাত্যায়নীর কৃপায়। "এই যে তেল মাথায় দাও দিকি, গায়ে সাবান দেবে নয়তো বোটকা গন্ধ। তুমার কী? তুমি তো পাগল। আমার হয়েছে জ্বালা। যত পাগল ছাগল সব আমার কপালেই এসে জোটে। পাগল শুধু হাসে, উপলব্ধি করতে পারে যে কাত্যায়নী স্নেহমিশ্রিত শাসন করে। শ্রী নীচে নেমে আসলেই পাগল দাঁড়িয়ে যায়। বাগানে গেলে, পুকুরের ধারে গেলে পিছু পিছু যায়, দূর থেকে খেয়াল রাখে।

মাঝে মাঝেই দুয়ারের সামনে শ্রী ফুল পায়। একদিন পাগল ফুল রেখে নেমে আসতে গিয়ে ধরা পড়েছিল। পাগল হেসে বলছে, "ঈশ্বরী"। গন্ধরাজ ফুলটা তুলে ড্রেসিং টেবিলের উপর রেখে দেয় শ্রী। এর বাইরে কিছু কথা বলেই না। শ্রী জিজ্ঞাসাও করেনি। বেশি কৌতূহল দেখানো শ্রীয়ের জন্য কতটা ভালো হবে আদৌ হবে কিনা এই দ্বন্দ্বে শ্রী চুপ থেকেছে। শ্রী যেদিন কলকাতা যায়, পাগল সেদিন সারাদিন দরজার দিকে তাকিয়ে থাকে। শ্রীকে আসতে দেখলেই কাত্যায়নীকে হেসে বলে, "ঈশ্বরী"। কাত্যায়নী বুঝে যায় শ্রী ফিরছে। এসব কথা

কাত্যায়নী ঘরের টুকটাক কাজ করতে করতে শ্রীকে বলে। শ্রী কাত্যায়নীর কথা শোনে কিন্তু জিজ্ঞাসা করে না কিছু। চেষ্টা তো করে শ্রী। প্রাণপণ চেষ্টা করে শ্রী কনিষ্কর ছায়াশরীরের সাথে থেকে যেতে। থান, নিরামিষ, একত্র জড়ো করা কিছু স্মৃতি নিয়ে থাকতে চাইছে তো শ্রী।

গোধূলিসময়ে শ্রীয়ের ঘরের পশ্চিমের জানালা দিয়ে রোদ্দুর ঝাঁপিয়ে পড়ে শ্রীয়ের পায়ের পাতায়। সেখান থেকে চুমু খেতে খেতে পায়ের গোছে, আস্তে আস্তে চুমুর রেশ ছড়িয়ে যায় শ্রীয়ের দেহের উপর। ভিতর কণিকার কচ্ছপ, কুমীরের মতন বালুকাবেলায় শরীর ছড়িয়ে পড়ে থাকে শ্রী। একদিন খেয়াল করল আয়নায় রোদ্দুর ঝকঝক করছে, পিছলে পড়ছে সাদাকালো চৌখুপি মেঝেতে। শ্রী দরজা বন্ধ করে নিজেকে নগ্ন করে দাঁড়াল রোদ্দুর বাহিত আয়নার সামনে। নিজেকে দেখছিল শ্রী। পিঠ ছড়ানো কুচকুচে কালো চুলের রাশি, কপালের সামনে কিছু ঝুরোঝুরো কুচিকুচি চুল, আয়না যেন শ্রীর নগ্নতা শুষে নিচ্ছে। বিছানায় উপুড় হয়ে শুতে শুতে আয়নায় চোখ পড়ে নিজের চ্যাটচ্যাটে অস্তিত্বের উপর, চপচপে হয়ে উঠছে নারীত্ব, কেঁপে উঠছে শ্রীর রোদ্দুর-সাজানো দেহ। রোদ্দুরের সাথে সহবাসের আশে তার বুক ঘনঘন ওঠে নামে। আয়নার দিকে বিবশ চোখ পড়তেই মনে হল

পাগলের অবয়ব ভেসে উঠল আয়না জুড়ে। সমস্ত বিবশতা চুরচুর হয়ে গেল নিমেষের জন্য, আত্মরতি থেকে থমকে গেল শ্রীয়ের সর্বস্ব। ধড়মড় করে তাকিয়ে দেখল দরজায় লক লাগানো। তাহলে? সে কেন ঈশ্বরী? সে তো রক্তমাংসের মানুষ ঈশ্বরী হতে তো কোনোদিন চায়নি। পাগল পাগল লাগে শ্রীর। সমস্ত সংযম ভেঙে ফেলতে চায়। মনে হয় আয়না থেকে বেরিয়ে আসুক দেবদুত। শ্রীয়ের মনে মনে কুন্তী হয়ে ইচ্ছে করে সূর্যদেবকে কামনা করতে। ঝরঝর করে কাঁদছে এক নগ্ন শরীর। একমাত্র সাক্ষী কেবল রোদ্দুর। ড্রেসিংটেবিল থেকে সকাল বেলা রাখা গন্ধরাজ ফুলটা নিয়ে হাতে বোলায়, সমস্ত নগ্নতায় বুলিয়ে চোখ বুজে থাকে। জিভ শুকিয়ে আসতেই কনিষ্কর মুখটা মনে পড়ে। উঠে বসে শ্রী। জানলা দিয়ে ফুলটা ছুড়ে ফেলে দেয়।

শ্রী কলকাতায় গিয়ে আটকে পড়েছে। অতিবৃষ্টি কলকাতাকে জলময় করে দেয়। খবরের কাগজে আসছে কলকাতা আজকাল ভেনিস। শ্রী চিরকাল কলকাতা এলে স্যারের বাড়িতে ওঠে। ওনাদের কোনো সন্তান নেই বলে শ্রীকে নিজের মেয়ে বলেই মানে। কলেজে, ইউনিভার্সিটিতে পড়ার সময় হোস্টেলে থাকলেও শনি রোববার বাড়ি দেবপুকুরে না গেলে স্যারের মিসেসের

তলব আসতো ওখানেই খাওয়া দাওয়া করার জন্য। এত নিঃস্বার্থ ভালোবাসার কাছে শ্রী আভূমি নত হয়ে থাকে। এরা যে কীভাবে শ্রীকে ঘিরে রাখে তা একমাত্র শ্রীই জানে। স্যর বারবার বুঝিয়েছেন যে যেখানেই এখন পোস্টিং দিচ্ছে নিয়ে নিতে, পরে ঠিক উনি কলকাতার দিকে বা দেবপুকুরের দিকে যাতে কোনো কলেজে হয়ে যায় তা চেষ্টা করবেন। কীকরে যে দেবপুকুরের বাড়ি-ঘর, একান্ত স্মৃতি ছেড়ে দূরে থাকবে শ্রী? এসব ভাবতে ভাবতে ফিরছিল দেবপুকুরে। স্টেশনে নেমে দেখেছে জল সরে গেছে, তবে প্যাচপ্যাচে কাদাময় হয়ে গেছে রাস্তাঘাট। রাস্তার খানাখন্দতে ঘোলা জল জমেছে। পুকুরগুলো টলটল করছে জলেতে, গাছের পাতাগুলোর শাপমুক্তি ঘটেছে। বাচ্চা ছেলেমেয়েরা লাফালাফি করছে, কেউ কেউ গামছা ভরে মাছ নিয়ে যাচ্ছে। শ্রী জানে পুকুর ছাপিয়ে মাছ, কাঁকড়া ক্ষেতে চলে আসে। সেখান থেকে বাচ্চারা সংগ্রহ করে। অনেকে সেগুলো বিক্রিও করে। শ্রীদের বাগানেও তো উঠে আসতো, সে ছিল উৎসবের দিনগুলো, উদযাপনের দিনগুলো। রিক্সায় আসতে আসতে ভাবছিল শ্রী। ফুরফুরে একটা হাওয়ায় মনটা ভারাক্রান্ত থাকলেও একটা ভালো লাগা ঘিরে ছিল। রিক্সা থেকে নেমে সদর দরজা দেখল খোলা। পা বাড়াতেই দেখল প্রতিবারের প্রথম বৃষ্টিতে ইট বেছানো হয় বারান্দা অবধি। বৃষ্টির জল

জমে জমে শ্যাওলা হয়ে যায়, তাতে পিছলে পড়ার সম্ভাবনা। পাকা মেঝেও কেমন স্যাতলা হয়ে যায়। উঠোনের জল সরে গেলেও উঠোনের পাকা মেঝেতেও কাদার আস্তরণ। ওদিকের অব্যবহৃত গোয়ালঘর থেকে অনেকের কথার আওয়াজ ভেসে আসছে। প্রতিবার জল হলে শ্রীদের ব্যবসার সাথে যুক্ত কর্মীরা সেখানেই আশ্রয় নেয়। গোয়ালঘর নামেই, এককালে গরু থাকত ঠিকই, এখন ঝকঝকে পরিষ্কার ঘর। অনেক উঁচুতে পাকা মেঝে, জানলা আছে, মাথার উপর টালির ছাদ। বিশাল লম্বা লম্বা তিনটে ঘর। লাইট, ফ্যান সব আছে। একসময় শ্রীদের অনেক গরু ছিল। তখন শ্রীর দাদামশাই বেঁচে। তিনি দিনে নাকি পাঁচ গ্লাস দুধ খেতেন। অনেকদিন সেসব নেই কিন্তু ঘরগুলো ভাঙা হয়নি, বরঞ্চ ধুয়ে মুছে সাফ রাখা হয় এই বর্ষাকালের জন্য। শ্রীকে দেখে ছিদাম এগিয়ে আসে, "দিদি, আমরা এসি গেলাম গো।" শ্রী মুখে হাসি এনে ঘাড় নেড়ে জানাল ভালো করেছ। অতর্কিতে পাগল কোথা থেকে ছুটে "ঈশ্বরী ঈশ্বরী", আর্ত চিৎকার করে শ্রী কিছু বোঝার আগেই এসে শ্রীকে পাঁজা কোলা করে তুলে নিয়ে বারান্দায় দাঁড় করিয়ে দিল। প্রথমটা হকচকিয়ে গেছিল শ্রী, মুহূর্তে চোয়াল শক্ত হয়ে গেল। আশপাশ থেকে হেই হেই একটা শব্দ শুনেও কী হয়েছে না জেনেই কেমন রাগ হয়ে গেল শ্রীর। শরীরের সমস্ত শক্তি দিয়ে পাগলের গালে

সপাটে চড় কষিয়ে দোতলায় উঠে দরজা দিল শ্রী। শরীরের কাঁপুনি থামে না শ্রীয়ের। পরদিন থেকে পাঁচদিন শ্রী প্রচণ্ড জ্বর নিয়ে বিছানায় পড়ে রইল।

পাঁচদিনের দিন কাত্যায়নী একটু ঝাল ঝাল আলু মরিচ শ্রীর সামনে রেখে, "খেয়ে নাও, এই ক-দিন কিচ্ছুটি দাঁতে কাটনি। এখন এটা খাও দেখি, রুচি আসবে। মাছ খাবে না, মাংস খাবে না, যত নিয়মকানুন, অনেকদিন তো হল আর মানতে হবেনি। আমি তোমার কথা শুনব নি, একদম শুনব নি। আজ আমি মুরগিরর ঝোল, সেই ইঞ্জিরি নাম কী যেন ইস্টু বানিয়ে দেব মরিচ, মাখম দিয়ে। স্বাদ আসবে, বল পাবে।"

শ্রী আলু মরিচ মুখে দিয়ে আলতো হাসল। মাথাটা ঝিম ঝিম করছে, বেশিক্ষণ বসতেও পারছে না। কোথা থেকে একটা জলে ভেজা কাক এসে জানালার গ্রিলে বসে কা কা করে আর্ত চিৎকার করল। শ্রীর মনে পড়ল যে তাদের বাগানের ঝাঁকড়া কাঁঠালগাছে এক কাক দম্পতি থাকে, বাসাও ছিল দেখেছিল। এই একটানা বৃষ্টিতে কি বাসাটা নেই? শ্রীর বুকের ভিতরটা খালি খালি লাগছিল। এটা কি বউ কাক? শ্রীকে জানাচ্ছে তার ঘর বাড়ি কিছু নেই, কাক নেই, বাচ্চারা নেই। শ্রী জানে এই নেই যে কত কষ্টের, কত যন্ত্রণার। ইশ! শ্রীর তো তাও মাথার উপর শক্ত

আশ্রয় আছে। বউ কাকটার কি ডিম ছিল বাসাটায়? কত কষ্ট করে মুখে খড়কুটো যোগাড় করে এনে এনে বাসা বানায় তা এই প্রকৃতির বিদঘুটে খেয়ালের কাছে হুড়মুড় করে ভেঙে পড়ে। কাত্যায়নী হুশ হুশ করে কাক তাড়িয়ে দোতলার বারান্দা থেকে শাড়ি এনে ভাঁজ করে আলনায় রাখতে রাখতে, "আচ্ছা, শ্রী তুমি পাগলকে সেদিন মারলে কেন? ওতো তোমার ভালোর জন্যি তোমায় সরিয়ে দেছিল। ইয়া বড় কালো মোটা সাপ তুমার পায়ের কাছে কিলবিল করে আসছিল দেখেই তো পাগল অমন করল ঈশ্বরী ঈশ্বরী বলে ছুটে গিয়ে।"

শ্রীর হাত থেকে চামচটা মেঝেতে পড়ে গেল। জ্বরের ঘোরে এই স্মৃতি থেকে সরে এসেছিল শ্রী। আবার সব মনে পড়াতে ঢোক গিলতে গিয়ে গলার কাছে ব্যাথা করছিল শ্রীয়ের। চোখে জল আসতে গিয়েও থমকে যেন পিছু হটছে। বারবার বলছে সাবধান! কাত্যায়নী আছে। কাত্যায়নী আপন মনে বলে চলেছে, "সবাই বলছিল, ওই সাপ কাটলে আর তুমাকে আমরা পেতুম না। কত্ত কত্ত কঠিন কঠিন নাম বলছিল জানো? জলডোরা, শঙ্খচুর, চন্দরবোরা আরও কী সব। আমি মুখ্যু মেয়েমানুষ কি এত নাম জানব বল? আমি অত বড়ো সাপ টিভিতে দেকিচি। বাপ রে বাপ!"

শ্রী আঁচল চাপা দিয়েছে চোখে। কাত্যায়নী বলে যাচ্ছে কাজ করতে করতে, "আহা গো! বামুনের ছেলেটা সেদিন থেকে আর আসে না। কই গেল কেউ জানে নি। তুমার ভোলাদা খোঁজ নিল, কেউ ওকে দেকেনি। কত তাড়াবার চেষ্টা করিচি কিন্তু যায়নি। আর দেখো তুমার মার খেয়ে চলি গেল। মনে বড্ড লেগেচে গো। তুমায় ঈশ্বরী মানতো কিনা।"

শ্রী চুপ করে মেঘের সাথে রোদ্দুরের কারসাজি দেখছে, উদাস হতে হতেও মনে হচ্ছে এই তো যেন কাছেই শুনতে পাচ্ছে গমগমে একটা গলা," ঈশ্বরী"।

অবশেষে নর্থ বেঙ্গলের কলেজটার অফারটা নিয়ে নিল শ্রী। কলেজের ছেলেমেয়েগুলোর সাথে থাকতে পেরে নিজেকে অনেকটাই মেরামতি করে নিয়েছে। অবরে সবরে ওরা চলে আসে দল বেঁধে প্রিয় শ্রীময়ী ম্যামের কাছে। শ্রীর খুব ভালো লাগে এই অল্পবয়সের উত্তাপ, ওদের নির্ভেজাল হাসি, ঝর্ণার মতো উচ্ছলতা। কাত্যায়নী, ভোলা মাঝে মাঝেই ফোন করে। শ্রীও ফোন করে খবরাখবর নেয়। কাত্যায়নী পাগলকে নিয়ে ক-দিন খুব ঘ্যানঘ্যান করেছে শ্রীয়ের কাছে। শ্রী একবার বকা দেওয়াতে চুপ করে গেছে। শ্রী অনুভব করতে পারে কাত্যায়নীর পাগলকে নিয়ে একটা মা ভাবের জন্ম হয়েছিল। সবাই

একটা বিকল্প লাইফে চলে যায় কিন্তু কাত্যায়নীর সমস্তটা দেবপুকুরে শ্রীদের বাড়িতেই থমকে গেছে। বিশাল পৃথিবীর একটা বিন্দু নিয়েই তো কাটায় কাত্যায়নী। তার সামনে এত বড়ো জগৎ কই? এক বিকেলে ভাবল কাত্যায়নী, একবার বলেছিল, "চিঠি দিও শ্রী।" তারপরেই জিভ কেটে বলেছিল, "এই দেক দিকি, একন কেউ কি চিঠি লেকে নাকি? দূর ছাই! আমি যে কি বলি? ফোন কর আমায়।" বলে নিজের হ্যান্ডসেটটা দেখিয়েছিল। ভাবছিল যদি একটা চিঠি লিখে কাতুদিকে সারপ্রাইজ দেওয়া যায় কেমন হয়? একটা খাতা টেনে লিখতে বসল।

প্রিয় কাতুদি,

আশা করি তুমি, ভোলাদা ভালোই আছ। ভাবছ আমি ফোনের যুগেও চিঠি দিচ্ছি কেন? এই একটু একা জীবনে বিলাসিতা বলতে পার। এখানে আমি খুব ভালো আছি। কলকাতার মতন অত ধোঁয়া ধুলো নেই। গরমটাও একটু কম। একটা দোতলা বাড়ীর দোতলার একদিকে ভাড়া থাকি। দুটো ঘরের আমি একটাকে বসার ও খাওয়ার ঘর করেছি, আরেকটাকে শোয়ার। বসার ঘরে একটা সিঙ্গল চৌকি রেখেছি, শুয়ে শুয়ে টিভি দেখি, আর একটা ছয় সিটের ডাইনিং টেবিল কিনেছি। ছেলেমেয়েরা যখন পড়তে আসে ওটাতেই সুবিধা হয়। কয়েকটা

মোড়াও কিনেছি। তুমি তো রোজ রোজ ফোনে আমায় জিজ্ঞাসা কর, আমি ঠিকমতো খাচ্ছি কিনা। খাই গো কাতুদি, খাই। খিদে মানুষকে কান ধরে সবকিছু করিয়ে নেয়। আমি জানি, তুমি আমার কথা খুব ভাবো।

আমার জন্মদিনে ছাত্রছাত্রীরা মিলে খুব হইহই করল। তারা সব মনজিনিস থেকে ইয়া বড়ো কেক এনেছিল। আমার জন্মদিনগুলো হুহু করে মনে আসছিল। মায়ের আদর করে চুমু খেয়ে জন্মদিনের দিন ঘুম ভাঙানো, বাবার গান গেয়ে গল্পের বই উপহার দেওয়া। সন্ধে হতেই বাবার কিছু ছাত্রছাত্রী আসত। তাদের পায়েস, লুচি, মাংস খাওয়ানো হত। দুপুরে খেতে বসলে মা একটা মাছের মাথা দিত খেতে, আর বারবার বলত আমি যাতে অবশ্যই পুরোটা খাই। আমার ছাত্রছাত্রীরা ফুলদানী ও ফুল দিল, বই দিল। আমি কী করব বুঝতেই পারছিলাম না। আমি এত সংসারি নাকি? আমি খুব মিস করছিলাম সেদিন তোমাকে আর ভোলাদাকে। আমাদের বাড়ির সেই কলেজের সময় দেবপুকুরের বাড়ির বাগানে শীতের দিনের চড়ুইভাতির কথা মনে হচ্ছিল। আমার সমস্ত বন্ধুদের জন্য কীরকম মাংস, ভাত রেঁধে দিতে। শেষে ওদেরই হাতে টাকা দিয়ে বললাম খাওয়ার নিয়ে এস।

অনেকদিন পর জানো খুব হাওয়া ছিল আমার ঘরে, ঘরের পর্দায় সুখ জড়ো হয়েছিল, ফুলগুলি

ফুলদানিতে হাসছিল। কাব্যি করে ফেললাম কিনা কে জানে? যদিও আমার সাথে থাকতে থাকতে তুমি যে একেবারেই কাব্যি বোঝ না তা তো নয়। শোয়ার ঘরে একটা খাট আর আলমারি আছে আর একটা আলনাও। আলমারিতেই আয়না আছে আর ওই আয়নাতে শেষ বিকেলে আলো ঠিকরে পড়ে। আমি তখন কলেজ থেকে বাড়ি ফিরি। তোমার কথামতো রঙিন শাড়ি পরি, চিকেন ইস্টু খাই মাখম, মরিচ দিয়ে বানিয়ে। ভুলেও হলুদ দিই না। আমি আস্তে আস্তে সংসারি হচ্ছি, আমার একা-একার সংসার। আমি বাজার করি, মুদির দোকানে যাই, ইস্ত্রি করি, ঘর ঝাড়পোঁছ করি, ফুল শুকিয়ে গেলে মার্কেট থেকে তাজা ফুল এনে ফুলদানিতে সাজিয়ে রাখি। তুমি বলতে না আমি একটুকুও গোছানো নই, একটুকুও সংসারি নই। তাও তো সংসার সংসার ভাব নিয়ে সংসার করি। তোমার মতো কচলে কচলে চাল ধুই, দুধ সাদা জল টবের গাছে দিই। একটা সাদা বোগেনভিলিয়ার গাছ আছে, ব্যালকনি থেকে ঝুলতে থাকে। দু-দিন কাঁটার ঘা খেয়ে ঠিক বোরোলিন লাগিয়ে নিয়েছি। শুকিয়ে গেছে সেইসব ক্ষত। সব পারি কাতুদি, একা একা সব পারি, পারছি তো। তেলে ফোঁড়ন দিলেই যখন ঝাঁঝ ওঠে, গন্ধ বেরোয়, কেন জানি তোমার কথা মনে পড়ে।

অনেক কথা লিখলাম, তাই না কাতুদি। এত কথা জমে থাকে কাউকেই বলি না, শোনারও সময় নেই কারোর। সবাই বলতে চায়, শুনতে কেউ চায় না, জানো? তোমরা ভালো থেকো। গরমের ছুটিতে ছাত্রছাত্রীদের সাথে সিকিম যাব। তুমি রাগ কর না। পরের কোনো এক ছুটিতে নিশ্চয় দেবপুকুর যাব। ভালোবাসা নিও।

ইতি
শ্রী

পুনশ্চ: পাগল ফিরে এলে তোমার কাছে রেখে দিও।

চিঠিটা লিখে পুনশ্চর লাইনটা বারবার পড়ে পেন দিয়ে কেটে দিতে লাগল যতক্ষণ না ছিঁড়ে যায়।

বাসযোগ্য

প্রবীর সকালে ছানা মুড়ি খাওয়ার পর থেকে কেমন একটা অস্বস্তিতে ভুগছে। মনে মনে ভাবল গ্যাস অম্বল হয়ে গেছে। দু-গ্লাস জল খেয়ে ভাবল বাগানে একটু পায়চারি করে নিলে বায়ু নির্গমনে শরীরটা ঠিক লাগবে। হেমন্তের শিশিরকনা এখনও কিছু ঘাসের আগায় লেগে আছে দেখে মনটা পুলকিত হয়ে উঠল। প্রবীরের ঠাকুরদা মফঃস্বলে একটু হাত পা ছড়িয়ে থাকবেন বলে সেই প্রায় দেড়শো বছর আগে এই বাড়ি তৈরি করেছিলেন। বেশ বড়ো বড়ো গাছ লাগিয়েছিলেন যা আজ মহীরূহ। তেজপাতা, ইউক্যালিপ্‌টাস, আম, জাম, কাঁঠাল, আর সুপারি গাছের সারি দিয়ে ঘেরা বাড়ি আজকের দিনে খুব বিরল। খুব শান্ত ছিল সে-সময় এই গ্রাম। তখন সত্যি মহাকালী বাজারের এই দিকটা খুব শান্তির জায়গা ছিল। প্রবীরের মনে আছে, প্রপার কলকাতা থেকে আসা আত্মীয়-স্বজনেরা খুব খুশি হত এই গাছগাছালি, পাখীর ডাক শুনে। গাছের ডাব, আম, কাঁঠাল খেয়ে তারাও বাড়ি ফেরার সময় নারকেলটা, সুপারিটা, বাগানের ফলফলাদি, লাউটা, কুমড়োটা নিয়ে যেত আনন্দ সহকারে।

শিনশিনে উত্তুরে হাওয়ার প্রকট না হলেও বেশ একটা হালকা হাওয়ার আদর মেখে প্রবীরের শরীরটা জুড়িয়ে গেল। ইউক্যালিপ্‌টাসের গন্ধে বেশ একটা চাঙ্গা ভাব আছে। বাড়ির কাজের মেয়ে সুষমাকে ডেকে বলে দিল ইজিচেয়ারটা বাগানে দিয়ে রাখতে। ইচ্ছে হলে একটু বসে থাকবে। সকালে বাজার করে আর কী কাজ তার? স্ত্রী মনোনীতা হঠাৎ ঘুমন্ত অবস্থায় ইহলোক ত্যাগ করলে অনেকদিন প্রবীর মানসিক কষ্টে চুপচাপ হয়ে গেছিল। একমাত্র পুত্র তার খুব ভালো। পুত্রবধূ কোয়েলী আর নাতনী মিন্তির সাহচর্যে অনেকটাই সামলে উঠেছে। দোতলা বাড়ির নীচের দুটো ঘর, রান্নাঘর নিয়ে এক পরিবার ভাড়া আছে তাও চার-বছর হল। মনোনীতাই বলেছিল যে এত বড়ো বাড়ি পরিষ্কার রাখা দুরূহ হয়ে উঠেছে, তাই নীচে একটা ঘর রেখে ভাড়া দিলেই ভালো। সেই থেকেই সুপর্ণারা ভাড়া আছে। ছোটো পরিবার, বাচ্চা পিকুটা খুব দাদুভাই দাদুভাই করে। পিকুর উপর বাড়ির সবার খুব মায়া পড়ে গেছে। চেয়ারে বসে আকাশের দিকে অনেকক্ষণ তাকিয়ে সোজাসুজি তাকাতেই চোখ অন্ধকার লাগছিল। কচলে, ডলে খানিকক্ষণ চোখ বুজে থেকে আবার তাকাতেই দেখল সুপর্ণা পিকুকে গলায় মাফলার দিয়ে গায়ে সোয়েটার পরিয়ে গেটের দিকে যাচ্ছে। কী হয়েছে জানতে চাইলে জানা গেল পিকুর কাল রাত থেকে

জ্বর হয়েছে, ওষুধ দেওয়া হয়েছে কিন্তু তাতে কাজ হচ্ছে না। পিকুর বাবা অনিমেষ অফিস ট্যুরে গাছে তাই ব্লাড টেস্ট করানোর জন্য পিকুকে নিয়ে যাচ্ছে নিরাময় ক্লিনিকে। একটা রিক্সা ডেকে সুপর্ণা পিকুকে নিয়ে উঠে গেলে প্রবীর মনে মনে বলল, "দুগগা দুগগা, ঠাকুর রক্ষা কর। চারদিকে যা ডেঙ্গুর প্রকোপ"। আগে এত লোকজনের, বাড়িঘরের ভিড় ছিল না মহাকালী বাজার এলাকায়। ছোট্ট জনপদ, শান্ত, নিস্তরঙ্গ। সবাই সবাইকে চেনে-জানে, সে এক দারুণ পরিবেশ। পাখির ডাকে ঘুম ভাঙত, শেয়ালের ডাক শুনতে শুনতে ঘুমিয়ে পড়ত।

মহাকালী বাজার এলাকায় ছোট্ট করে ব্যবসায়ী সমিতি থেকে জগদ্ধাত্রী পুজো হত। চাঁদাও নিতে আসত দোকানীরা কিন্তু কোনো জোরজুলুম ছিল না। অষ্টমীর দিন ভোগ বিতরণ হলে সব বাড়ির বাচ্চারা নিজেরা পেট পুরে খেয়ে আবার বাড়ির জন্য শালাপাতার থালায় করে নিয়ে আসত। আজকাল চাঁদা নেয় না, প্রচুর দোকান হয়ে গেছে, বাজার একেবারে ঘিঞ্জি হয়ে গেছে। এত লোকের চাপ নিতে গেলে এটাই স্বাভাবিক। 'সাজাব যতনে' ছিল একমাত্র গয়নার দোকান। পাড়ার মেয়ে-বউরা মাসে মাসে কিস্তিতে গয়না বানাত। এখন সেই দোকান বিশাল শো-রুম। একতলা, দোতলা, তিনতলা মিলে সে রাজসূয়

যজ্ঞের মতন। আরো কিছু গয়নার দোকানও হয়েছে। যে যার পকেট বুঝে যাতায়াত করে।

আজ নবমী পূজার আওয়াজ ভেসে আসছে। ঘণ্টা, শঙ্খ, উলুধ্বনি শুনে প্রবীরের চোখ বুজে এসেছে। তারপরেই হঠাৎ গান ভেসে এল— ও টুনির মা টুনি কথা শোনে না। প্রবীরের এখনকার গান সম্পর্কে বিশেষ আইডিয়া নেই। ভালো করে গানটা শুনে মনে মনে হেসে ফেলল। কোথায় সে-সব মান্নাবাবুর গান ভেসে আসত— আমি আজীবন শুধু ভুল করেই গেছি... আমি নিরালায় বসে বেঁধেছি আমার স্মরণবীণ... চাঁদ দেখতে গিয়ে আমি... আর আজকাল কী সব কথা কে জানে বাবা! চোখ বুজে বুকের কাছে হাত জোড় করে বসে ছিল প্রবীর। বুকের কাছে চাপ চাপ লাগছিল।

পিকু ফিরতেই জানা গেল ডেঙ্গু হয়েছে পিকুর। সুপর্ণা কোয়েলীর হাত ধরে ঝরঝর করে কাঁদতে লাগল। মনটা প্রবীরের খুব খারাপ। পিকুটার জ্বর কমছে না। বাচ্চামানুষ একেবারে কাহিল হয়ে গেছে। সারারাত মাথার কাছে বসেছিল সবাই।

সকালে শরীরটা খুব ম্যাজম্যাজ করছে প্রবীরের। পিকু এখন একটু ঘুমিয়েছে দেখে বাগানে পায়চারি করে চেয়ারে বসে রইল চুপ করে। কোয়েলী জলখাবারের কথা বলেছিল। প্রবীর মানা করেছে যে খিদে পেলে জল মুড়ি খেয়ে নেবে। বাচ্চাটার দিকেই খেয়াল থাক সবার। দুপুর দশটা নাগাদ আচমকা গমগম আওয়াজে মাথা ঘুরে গেল প্রবীরের। কী হয়েছে ব্যাপারটা বুঝতে না পেরে ভাবছিল ভূমিকম্প কিনা। পায়ের নিচে মাটিও মনে হচ্ছে ভাইব্রেশনে কাঁপছে থরথর করে। কী উৎকট আওয়াজ! ভেবেই অস্থির অস্থির করতে তাড়াতাড়ি ঘরে গিয়ে দরজা জানালা বন্ধ করে দিয়েও দেখল স্বস্তি নেই। জানালার কাঁচগুলো ঝনঝন করছে যেন এখুনি ভেঙে পড়বে। কোয়েলীকে জিজ্ঞাসা করে জানতে পারল যে আজ জগদ্ধাত্রী পূজার ভাসান আছে তাই ডিজে এনেছে। প্রবীর জানতে চাইল, সে তো সন্ধেবেলা ভাসান হবে? এখন কী! একঘেয়ে উৎকট আওয়াজে কান ঝালাপালা, বমি-বমি ভাব হতে লাগল প্রবীরের। খেতে বসেও কিছু খেতে পারল না। যেটুকু খেয়েছে বমি করে দিল। এমন একটা আওয়াজে পিকুরও বমি হতে শুরু হয়েছে। পিকুর জ্বর কমছে না। মাথা ঘুরছে, কান ব্যথা করছে, আনচান বেড়ে গেছে। কোয়েলী প্রবীর আর পিকু দুজনকেই কানে তুলো গুঁজে দিয়েছে, কিন্তু এই আওয়াজ সব ছাপিয়ে ঘরের

আনাচে কানাচে এমনভাবে ছড়িয়ে পড়ছে যে নিস্তার পাওয়া খুব কঠিন।

পাশের বাড়ির মউরিনার সাথে কোয়েলী আর সুপর্ণা কথা বলল যে কিছু কি করা যায় এর বিরুদ্ধে? মউরিনার শ্বশুরমশাই রিটায়ার্ড ব্যারিস্টার কিন্তু উনিও বললেন যে কিছু বলতে গেলেই ব্ল্যাক লিস্টেড হতে হবে। এখনকার ছেলেপুলেরা ক্ষেপে যাবে। পাড়ায় শান্তিতে থাকা যাবে না। মউরিনা বলল যে এখনই ওরা বাড়ি তালা দিয়ে মলে চলে যাবে। ওখানেই ঘুরে, সিনেমা দেখে, খেয়ে দেয়ে ফিরবে যখন তখন এই হাঙ্গামা বন্ধ হয়ে যাবে। আজকাল এমনি ব্যবস্থা নিয়েছে মউরিনা। ওর শ্বশুর তার এক বন্ধুর বাড়ি চলে যাচ্ছে। রাত করে ফিরবে। প্রবীর ভাবে পিকুকে কি নিয়ে মলে ঘোরা যাবে? ওর কাহিল অবস্থা। নিজেও দুবার বমি করে কোয়েলীর কাজ বাড়িয়েছে। অন্য পাশের বাড়ির দিলীপ স্কুলমাস্টার। ছেলেপুলেদের সাথে ওঠা-বসা আছে, নিশ্চয় বুঝিয়ে বললে একটু যদি আস্তে করে সাউন্ডটা। দিলীপের বউ পাশ থেকে জবাব দিল, "ওরা অমানুষ কাকাবাবু, এই যে গেল বার কালীপূজার বাৎসরিক উৎসব হল, আমাদের থেকে পাঁচশো চাঁদা নিল। শ্বাশুরিমা মারা গেছে, আমাদের বাড়িতে শোক অথচ কী জোরে গান চালাল, ফাংশান করল, অর্কেস্ট্রা এল। কী যে বিরক্ত

লাগছিল তা বলার নয়। অনুরোধ করা হয়েছিল কিন্তু কেউ শোনেনি, পাত্তাই দেয়নি! বরঞ্চ এই গানটা বারবার বাজিয়েছিল, তেরে নানি মরি তো ম্যায় ক্যায়া করু... এখন এসবই কালচার। অধঃপতনের চূড়ান্ত।" প্রবীর ধীরে ধীরে জগদ্ধাত্রী প্যান্ডেলের দিকে পা বাড়াল।

পূজা প্যান্ডেলের সামনে বীভৎস জোরে গান বাজছে। গান কিছুই বোঝা যাচ্ছে না অথচ ঢিক্-ঢিক্ আওয়াজে শরীর কাঁপছে প্রবীরের। ছেলেপেলেরা এখান ওখান ছড়িয়ে বসে আছে। গয়নার দোকানের বিকাশ প্রবীরের সাথে একই স্কুলে একই সাথে পড়ত বলে আশা নিয়ে এগিয়ে গিয়ে দাঁড়াতেই বিকাশ কুশল সংবাদ জিজ্ঞাসা করতেই প্রবীর জানাল যে এত আওয়াজে সকাল থেকেই কয়েকবার বমি হয়েছে, বাড়িতে বাচ্চাটার ডেঙ্গু হয়েছে। সাংঘাতিক অসুস্থ পিকুর কথা বলে সাউন্ডটা আস্তে করার অনুরোধ করতেই বিকাশ জানায় যে ছেলেপেলেরা এই কয়দিন আনন্দফুর্তি করে, ওদের এখন কিছু বলতে যাওয়াই বৃথা, তাও যদি মনে করে ওই ছেলেপুলেদের গিয়ে রিকোয়েস্ট করে দেখতে। প্রবীর গিয়ে বলছে কিন্তু ওরা ভান করছে কিছুই শুনতে পাচ্ছে না। তারপর একজন শুনতে পেয়ে, "দাদু তুমি কি হাঁদু, রাখনি আমার কোনো খবর, লালু খেয়েছ নাড়ু বুঝবে না তো রসের কদর..." গান গাইতে গাইতে

ঘুরে ঘুরে নাচতে লাগলে সবাই হাসতে লাগল। প্রচণ্ড অপমানিত প্রবীর তাও মরীয়া হয়ে বারবার বলতে লাগল যে পিকুর ডেঙ্গু হয়েছে তাই একটু আস্তে করে দিতে। ছেলেটা ঘুমাতে পারছে না, আরো অসুস্থ হয়ে পড়ছে। আরেকজন খ্যাঁক খ্যাঁক করে হেসে, “আরে, আমাদের কাছে কেন? যান না হাসপাতালে নিয়ে যান। ওর চিকিৎসার প্রয়োজন। সাউন্ডে কী এমন হবে? দরজা জানলা বন্ধ করে রাখুন। যান তো। আপনারা ভদ্দরলোকেরা খুব হিংসুটে, আমাদের আমোদ আহ্লাদ আপনাদের সহ্য হয় না”। প্রবীর মণ্ডপের সামনেই মাথা ঘুরে হতোদ্যম হয়ে বসে পড়ে ওইখানেই। দুটো ছেলে বিরক্ত হয়ে চ্যাংদোলা করে প্রবীরকে এনে গেটের সামনে নামিয়ে দিয়ে চলে যায়। পিকুর মামা এসে গাড়ি করে নিয়ে যায় অসুস্থ ছেলেটাকে। প্রবীরের চোখের সামনে ছায়া ছায়া নেমে আসে, কোনোরকমে খাটের ছত্রি ধরে বসে পড়ে বুকে হাত দিয়ে। কোয়েলী প্রবীরের জিভের তলার সরবিট্রেট দিলে শরীরটা শান্ত হয়ে আসে।

কোয়েলী বিরক্ত হয়ে ফেসবুকে একটা আপডেট দেয়, এই ডিজের আওয়াজ, নয়েজ পলিউশন, তাদের অসহায়তা নিয়ে। বেলাল আহমেদ কোয়েলীর ফেসবুক ফ্রেন্ড। বেলাল একজন ব্যাঙ্কার আর সমাজসেবী। কোয়েলীর সাথে

সেরকম খুব আলাপ না থাকলেও কোয়েলীর আবৃত্তির লিংকে লাইক আর কমেন্ট করে। কোয়েলী একজন বাচিক শিল্পী। মাঝে মাঝেই আবৃত্তি ফেসবুকে দেয়। বেলাল কোয়েলীর লেখাটা পড়ে সঙ্গে সঙ্গে লালবাজারে কর্মরত সেই প্রাইমারি থেকে একসাথে পড়া বন্ধু জীবনকৃষ্ণ সরকারকে আপডেটটা পাস করে দিল, আর লিখল যে কিছু যদি পদক্ষেপ নেওয়া যেতে পারে। জীবনকৃষ্ণ দুটো নিউজ চ্যানেলকে ফোন করে দিয়ে বলে দিল যে রাজনৈতিক চাপে তারা অনেকসময় ইচ্ছে থাকলেও ভালো কাজ করতে পারে না। তাই যদি টিভিতে নিউজ কভার হয়, তাহলে নিশ্চয় উপরমহল থেকে ভুতের ঠ্যালা আসবে।

মহাকালী বাজারের জগদ্ধাত্রী পূজায় তখন ঠাকুর বরণ হচ্ছে, সেসময়ে 'আশা' নিউজ চ্যানেল এসে উপস্থিত। সবাই ভাবছে যে মহাকালী বাজারের পূজা কভার করতে এসেছে। বাইট দেওয়ার জন্য ছেলেপুলের দল ব্যস্ত, ঠ্যালাঠেলি। কিন্তু তখন 'আশা' নিউজ চ্যানেলের অনিতা আওয়াজ শুনিয়ে সোজা পাশাপাশি বাড়িতে নক করছিল। কিন্তু কেউ ভয়ে দরজাই খোলেনি। প্রবীরদের বাড়ির সামনে এসে দাঁড়ালে প্রবীর ছুটে এসে জানাল যে সে সকাল থেকে খুব অসুস্থ বোধ করছে, অনেক অনুরোধ

উপরোধ করেও অসম্মান ছাড়া কিছুই জোটেনি। এই ঘটনা সম্প্রচারের পাঁচ মিনিট পর দুটো পুলিশ ভ্যান এসে উপস্থিত হল। ডিজে বন্ধ হলে সারা পাড়া স্বস্তির নিঃশ্বাস ফেলল। পাড়ায় জানাজানি হয়ে গেল যে কোয়েলীর ফেসবুক আপডেট থেকেই এইরকম পদক্ষেপ নিয়েছে পুলিশ প্রশাসন। কোয়েলীর বুদ্ধিমত্তাকে সবাই প্রশংসা করল যে সোশ্যাল মিডিয়ায় ভাগ্যিস লিখে দিয়েছিল, তারা তো ভয়েই অস্থির ছিল।

কয়েকদিন পর কোয়েলী বাজার থেকে টুকটাক কিনে ফিরছিল। পাড়ায় লোডশেডিং চলছে। কোয়েলী ঘুরে না এসে শর্টকাট রাস্তাটাই ধরল। এই অন্ধকারে যত তাড়াতাড়ি পৌঁছনো যায়। হঠাৎ চকিতে কয়েকটা হাত মুহূর্তের মধ্যে কোয়েলীকে টেনে নিয়ে একটা ঘরে ঢুকিয়ে দেয়। কোয়েলী অন্ধকারে কিছু বোঝার আগেই একজন শাড়িটা টেনে খুলে দেয়। “এই দ্যাখ তো, বুকে ক-টা তিল আছে? গুনে রাখিস কিন্তু”।

কোয়েলী ঘটনার আকস্মিকতায় হতবাক হয়ে প্রথমে কিছু বলতে পারেনি। শাড়িতে টান পড়তেই হাত-দুটো বুকের কাছে জড়ো করে লজ্জা ঢাকার জন্য। ঘরে বেশ ক-টা মোমবাতি জ্বলছে। একটু নিভু নিভু পরিবেশে ছবি ভালো আসবে না ভেবে একজন বলল যে একটা মোমবাতি

সামনে এনে ধরতে। তাহলে বুক আর ফেস আরও কিছু পরিস্কার দেখা যাবে। সবাই সমস্বরে হেসে ওঠে। বাড়িটার ভিতর জোরে রেডিও চালিয়ে দেওয়া হয়েছে। কোয়েলী প্রথমটা চিৎকার করে শাসাবে ভেবেও বুঝতে পারল এতে লাভ হবে না। বুঝতে পারল এই মুহূর্তে বাঁচবার একটাই পথ তা হল অনুরোধ। কোয়েলী নিজেকে ঢাকার আপ্রাণ চেষ্টা করতে করতে অনুনয় বিনয় করতে লাগল যে তাকে যাতে ছেড়ে দেওয়া হয়। সে বুঝতে পারেনি যে কেউ পুলিশ পাঠিয়ে দেবে, নিউজ চ্যানেল চলে আসবে। উচ্চকিত স্বরে হেসে ওঠে মহাকালী নগরের সবচেয়ে ধনী বিকাশের ছেলে বিমল। আস্তে আস্তে চোখের সামনে স্পষ্ট হচ্ছে মুখগুলো। বিমল মোবাইল তাক করে ছবি তোলে কোয়েলীর। ব্লাউজটা টানা হেঁচড়ায় একটু ছিঁড়ে গেছে। বিমল হাসতে হাসতে, "তুমি খালি ফেসবুক করবে বউদি? খুব ফেসবুক মারাও না? আমাদের আনন্দ তোমার কাছে হয়রানি, তোমার কাছে অসহায়তা। লেখাটা হেভভি ছিল বউদিমণি। সেই যে কী একটা আবিত্তি করেছিলে আমার দুর্গা আমার দুর্গা বলে? তা আরেকবার কর না গো। আমরা ভিডিও করে ভাইরাল করে দেব। লাভ ইউ, লাভ ইউ। তুমি আবিত্তি করতে কিন্তু এখন তো লেখিকা হয়ে গেছ। তুমি তো সেলিব্রিটি হয়ে গেলে গো। কতজন তোমার কত প্রশংসা করছে। এস বউদি, শুধু ফেসবুকে

ফেস দেখালে হবে? একটু বুক দেখাও। এস, সামনে এস দেখি বুকের ছবি তুলি। কত পোজ দিয়ে ফেস দেখাও, বুক-দুটো বাকি থাকবে কেন? কত সাইজ গো বউদিমণি? ফেস প্লাস বুক মিলে কিনা ফেসবুক হয়"।

কোয়েলী কেঁদে ফেলে এমন অপমানে। এই ছবি যদি ফেসবুকে দেয় তাহলে কোয়েলীকে মরতে হবে। কীভাবে মুখ দেখাবে? "পায়ে পড়ি, তোমরা আমাকে ছেড়ে দাও," হাউহাউ করে কাঁদে কোয়েলী।

"তা কীভাবে হয়, বউদিমনি? তুমি আমাদের আনন্দে জল ঢেলেছ, তাই তোমার কোথায় কী ঢালব বল?" বলে কোয়েলীর সায়ার উপর জঘনের কাছে হাত দিতেই কোয়েলী ডুকরে ওঠে, "এই অবস্থায় মেয়েদের সবাই ছাড় দেয় আমাকেও তোমরা ছাড় দাও"।

"ছ্যাঃ ছ্যাঃ রং টাইমিং বস," একজন বলে ওঠে। কয়েকজন বসে মদ খাচ্ছিল, তারা বেজার মুখে, "ধুত! নেশাটাই কেটে গেল শালা। এমন ডবকা মেয়েমানুষ হাতের সামনে পেয়েও। এই আজ ছেড়ে দিচ্ছি বউদিমনি, কবে আসবে আবার? আসবে তো? এই অবস্থায় মেয়েমানুষ ঘেঁটে আনন্দ নেই।" কোয়েলী মনে মনে ভাবছিল যে আজ পাঁচদিন, তাও বাইরে বেরোচ্ছে ভেবে ভাগ্যিস হুইস্পার পরেছিল। এইটাই যদি একমাত্র

কোয়েলীকে বাঁচাতে পারে। বিমলের হাত শরীরের আনাচে কানাচে ঘুরে বেরাচ্ছে। কোয়েলী দাঁতে দাঁত চিপে দাঁড়িয়ে আছে। বিমলের মুখে উৎকট গন্ধে গা গুলিয়ে উঠছে, কিন্তু এই মুহূর্তে বেশি প্রতিবাদ, চিৎকার চেঁচামেচি করা চলবে না বুঝে নিয়েছে কোয়েলী। বিমল কোয়েলীর মুখটা ধরে, "কবে পাব তোমায়, বউদিমণি? তুমি না আসলে মেয়েকে পাঠিয়ে দিও। মিন্তিও তো বেশ লকলকে হয়ে উঠছে। সেরকম হলে মা মেয়ে দুজনেই এস"। কোয়েলী চমকে ওঠে বিমলের মুখে মিন্তির নাম শুনে। মিন্তির দিকে চোখ গেছে এই শেয়াল শকুনের? মিন্তিটা এখনো বাচ্চা, বাচ্চাই তো! মাত্র পনেরো বছরের মেয়েটা ভেবেই কোয়েলীর বিমলের গলা টিপে ধরে জিভটা বের করে নিতে ইচ্ছে হচ্ছিল। নিজেকে সংযত করে নিল কোয়েলী।

শাড়িটাকে কোনোরকমে জড়িয়ে বাইরে বেরিয়ে বাইরে দেখে বিকাশের বাড়িটাকে। অন্ধকারেও চেনা যাচ্ছে পুরানো শ্যাওলা ধরা বাড়িটাকে। এইটা ওদের পুরোনো বাড়ি। এখন এই বন্ধুবান্ধব নিয়ে আসর বসায় বিমল। বাইরে ঘুটঘুট্টি অন্ধকার। অমাবস্যা কিনা জানে না কোয়েলী। শরীর এখনও কাঁপছে, রাগে নাকের পাটা ফুলছে। দু-একজনের পাশ থেকে কথা শুনল যে আজ রাতে কারেন্ট আসার চান্স নেই। কোথায় কেবল বার্স্ট

করেছে। ঘরে এসে চুপ করে বসেছিল অনেকক্ষণ। প্রবীরকে রাতের খাবার দিয়ে বর অনুব্রত আর মেয়ে মিন্তিকে বলল খেয়ে নিতে নিজেরা নিয়ে। কোয়েলীর মাথাটা অসম্ভব ধরেছে তাই শুয়ে পড়ছে। শুয়ে শুয়ে বারবার বিমলের হায়নার হাসিটা মনে পড়ে যাচ্ছিল। উফ! এত অসহায় লাগছে। পারলে বিমল আর ওর সাঙ্গপাঙ্গকে যদি মেরে দিতে পারত। সেই যে কথাটা এই বিশ্বকে শিশুর বাসযোগ্য করে যাব আমি— যদি পারত... যদি পারত... মিন্তিটাকে কীভাবে বাঁচাবে কোয়েলী? মিন্তিকে ক্যারাটে শেখাবে? ক্যারাটে জানলে মিন্তি কি বাঁচতে পারবে অতগুলো হায়না শেয়ালের হাত থেকে? এতটুকু একটা ফুলের মতন মেয়ে পারবে কি নিজেকে বাঁচাতে? প্রচণ্ড কষ্ট হচ্ছে বুকের মধ্যে। পাগল পাগল লাগছে কোয়েলীর। ব্যাক-আপ ব্যাটারিতে তিন ঘরে ফ্যান চলবে না। মিন্তি ওর বাবার পাশে শুয়েছে। কোয়েলী বারান্দায় এসে দাঁড়িয়ে আছে ঝুম অন্ধকারে। মনের মাঝে বিরক্তি, রাগে হচ্ছে ভীষণ। কিছুতেই এক জায়গায় বসে থাকতে পারছে না। কতবার বারান্দার থামে মাথা ঠুকে যায়। কীভাবে? কীভাবে? কীভাবে মিন্তিকে রক্ষা করবে এইসব শার্দূলের হাত থেকে। উফ! পাগল পাগল লাগছে কোয়েলীর।

পরের দিন সকালে খবরের কাগজ হাতে নিয়ে বেশ উত্তেজিত হয়ে ঢোকে প্রবীর। একটা জ্বলন্ত বাড়ির ছবি দেখিয়ে জোরে জোরে চিৎকার করে পড়তে থাকে, "মহাকালী বাজারের বিশাল গয়নার দোকানের মালিকের একমাত্র ছেলে বিমল আর তার চার সঙ্গী পুড়ে মারা যায়। কীভাবে আগুন লেগেছে তা বোঝা যাচ্ছে না, মনে হচ্ছে যেহেতু কারেন্ট ছিল না তাই হ্যারিকেন বা মোমবাতির থেকে আগুন লেগে গেছে। বাড়িটা অনেক পুরোনো বলে ক-দিন পর সেটা ভেঙে বহুতল হওয়ার কথা চলছিল। তাই বাড়িটাতে ব্যাটারির ব্যাক-আপ ছিল না। মোমবাতি বা হ্যারিকেন দরকারে জ্বালানো হত বলে দোকানের কর্মচারীরা জানিয়েছে। কেরোসিন চারদিকে ছড়িয়ে পড়েছিল, এই আশঙ্কা করছে পুলিশ। মনে হচ্ছে বিমল আর তার সাঙ্গপাঙ্গরা ড্রিঙ্ক করেছিল আর মত্ত অবস্থায় আগুন থেকে বেড়িয়ে আসতে পারেনি।" প্রবীর হেঁকেডেকে কোয়েলীকে খবরটা খুব আনন্দ চিত্তেই বর্ণনা করছিল। "বুঝলে কোয়েলী, একেই বলে ধর্মের কল বাতাসে নড়ে। এদের অত্যাচারে আমরা নিজেদের বাসভূমিতে শান্তিতে থাকতে পারতাম না। মনে হচ্ছে এবার বাসযোগ্য হল। তাই না?"

কোয়েলী সারারাত বারান্দায় বসে আগুনের উৎসব দেখেছে। এ বাড়ির কেউ জানে না। জানে না উপরওয়ালার কাছে কোয়েলী কী জবাব দেবে? লাল চোখ দেখে প্রবীর এগিয়ে এসে, "তোমার কী হয়েছে? জ্বর নাকি? ইশ! গা তো পুড়ে যাচ্ছে বউমা? তোমারও ডেঙ্গু হল না তো? কিন্তু গায়ে কেরোসিনের গন্ধ কেন?"

কোয়েলী পাঁচদিনের ধুম জ্বরের পর উঠে বসেছে। তাও মাথা ঝিমঝিম। চোখ বন্ধ করে বসেছিল। সারারাত হিমের মধ্যে বসে থাকার ফল। কথা বলতে পারছিল না, গলায় মারাত্মক ইনফেকশন। মোবাইলটা পাশে দেখে হাত বাড়িয়ে মোবাইলটা নিয়ে ফেসবুক খুলে লিখল, এই বিশ্বকে শিশুর বাসযোগ্য করে যাব আমি। আজ শরীরটা বেশ ঝরঝরে লাগছে কোয়েলীর।

ভীমরতি

সক্কালবেলায় সবে খবরের কাগজটা খুলে আয়েশ করে বসেছে সমর, কিন্তু পাশের বাড়ির রায়গিন্নির সাথে সমস্বরে নিজের উনির কথোপকথন শুনে কেমন একটা খটকা লাগল। খবরের কাগজটা মুড়ে রেখে গুটিগুটি পায়ে জানালার ধার ঘেঁষে দাঁড়িয়ে বুঝল পাড়ায় কিছু একটা ঘটেছে কিন্তু কী তা বুঝতে না পেরে কান খাড়া করে দাঁড়িয়ে শুধু শুনতে পেল, "ছ্যা ছ্যা! ভীমরতি হয়েছে। এই তো হল পুরুষমানুষের আসল মুখ।" সমর আর দাঁড়াল না কারণ এই মেয়ে পুরুষের সমান সমান ব্যাপারটায় চিরকাল গুটিয়ে একরত্তি হয়ে থাকে বরাবর, বীণাপাণির বাজখাই গলার কথার পর আর কিছু বলার সাহস করে উঠতে পারেনি সেই যৌবন বয়স থেকে, আর আজকাল তো কথাই নেই। দুটো ছেলের একটাও তাদের কাছে থাকে না, তাই বীণাপাণির চরণে ঠাই নিতে হয়েছে আপাতত। আবার এসে খবরের কাগজটা মুখের সামনে ধরলেও কিন্তু পড়ছে না, মানে পড়তে পারছে না, মনটা অস্থির হয়ে থাকবে যতক্ষণ না ব্যাপারতা তার কর্ণগোচর হবে।

বীণাপাণি এমন সময়ে দুটো ক্রিমক্রেকার বিস্কিট আর এক গ্লাস লিকার চা দিয়ে সামনের চেয়ারে বসে স্বভাবসিদ্ধ ভঙ্গিমায় বলল, "শুনছ, তোমার বন্ধুটি আবার বিয়ে করল যে। ছিঃ ছিঃ! তিন ছেলেমেয়ের বাপ হয়ে কিনা আবার বিয়ে? ইশ! ভাবলেই আমার রাগে গা জ্বলে যাচ্ছে। আমাদের শিখাদি কত ধর্মপরায়ণা ছিল গো, পুজো-আচ্চা নিয়েই দিন কাটাত, আর সে চোখ বুজেছে তিন মাস হল সবে, বিপুদা আবার বিয়ে করে ফেললে? আহা! শিখাদি কত সতী লক্ষ্মী ছিল।" বীণাপাণির কথা শুনে ক্রিমক্রেকার বিস্কুট গলায় গিয়ে এমন কুট কুট করতে লাগল যে সমর চোখ বড়ো বড়ো করে বিষম খেল। বীণাপাণি সমরের মাথায় ফুঁ দিতে দিতে ষাট ষাট বলে বলল, "কী কর, বাচ্চা নাকি? আস্তে আস্তে খাও, একটু জল খেয়ে চা খাও। আর বিষমের দোষ কি? এমন একটা খবরে বিষম তো খাবেই। তোমরা পুরুষমানুষরা কীরকম শয়তান দেখেছ, বউ চোখ বুঝলেই আবার অন্যের আঁচলের তলা খোঁজো।" আপাতত সমরের শুনে যাওয়া ছাড়া কিছু করার নেই, কথাটাই এমন যে সমরেরও খুব রাগ হচ্ছে কিন্তু সমরের এত রাগ হচ্ছে কেন নিজেই বুঝে উঠতে পারছে না। বীণাপাণি আবার খাটো গলায় বলল, "আচ্ছা, তোমার সাথে তার এত বন্ধুত্ব সেখানে তোমায় কিছুই বলেনি?

নাকি আমায় চেপে গেছ? একদম ওসব লোকের সঙ্গে বন্ধুত্ব রাখবে না।"

খানিকটা অভিমান হল সমরের। মনে মনে ভাবল, হ্যাঁ, ঠিকই তো এই তো ক-দিন আগেও বেশ কিছুক্ষণ কথা হল। বিপু বলছিল বটে যে একা থাকতে ভালোলাগে না। তাই পরামর্শ দিয়েছিল যে ছেলে-মেয়ের কাছে ঘুরে আসার জন্য। এই পাড়ায় বিপুই এক সবচেয়ে পুরোনো সমবয়সি বন্ধু আর সবাই যারা আছে তারা কেউ ছোটো কেউ বড়ো আর সব নতুন লোকজন বাড়ি ঘর বানিয়ে বা কেউ ফ্ল্যাট বাড়িতে অনেক পরে এসেছে। তাহলে বিপু কেন বলল না যে বিয়ে করতে চায়। বীণাপাণির নানারূপ সংশয়ের গল্প, ওর নিজস্ব ভাবনার মধ্যে কেমন অসহায় লাগছিল নিজেকে।

শীত সবে গেল, ফাগুন মাস পড়তে না পড়তেই রোদটা বড্ড কড়া হয়ে গেছে। কিন্তু পিছনের বারান্দার দিকে কয়েকটা বড়ো বড়ো গাছ থাকায় বেশ হালকা একটা হাওয়া বইছে, সমরবাবুর আরামে দু-চোখ লেগে এসেছিল কিন্তু বীণাপাণির কর্কশ আওয়াজে তন্দ্রা ছুটে গেল। "এই তো ঘুম থেকে উঠলে? আবার ঘুম কেন? দিন-দিন আলসি হয়ে যাচ্ছ, এই পিছনের বাগানটা একটু নিজেই পরিষ্কার

করে নিতে পার কিন্তু তা আর করবে কেন? অবসর মানে চূড়ান্ত অবসর। বলি, আমার কবে অবসর হবে? হেঁশেল থেকে আমার কবে অবসর হবে শুনি?" সমর বউয়ের আকস্মিক আক্রমণে ফ্যালফ্যাল করে তাকিয়ে বোঝার চেষ্টা করছিল যে তিনি কোথায়? ঘুমের তন্দ্রাতে তখন শাম্মি কাপুর হয়ে শর্মিলা ঠাকুরের গালের টোলে সবে মনোনিবেশ করেছিল তাই চুপ করে মাথায় দু-তিনবার হাত বুলিয়ে উঠে দাঁড়াল। বীণাপাণি হাতে মশালা ওটসের হালুয়া দিয়ে বলল, "খেয়ে আমায় উদ্ধার কর, বাজার যাও। ঘরে দুটো বেগুন ছাড়া কিছু নেই। একটু পেঁপে, কাঁচকলা আর চারাপোনা এনো, ঝোল করব বড়ি দিয়ে। ততক্ষণে বুড়িদের নিমগাছ থেকে কচি পাতা পেড়ে দিতে বলি, নিমবেগুন এইসময় খাওয়া জরুরী।" বিনা বাক্যব্যয়ে সমর ওটসের হালুয়া খেয়ে নিয়ে বাজারের ব্যাগ হাতে হাঁটা লাগাল।

সামনে অশোক, বিনয়, সনাতনকে জটলা করে দাঁড়িয়ে থাকতে দেখে পাশ কাটিয়ে চলে যেতে গিয়েও বিনয়ের ডাকে দাঁড়াতে হল, "আরে সমরদা, শুনেছো? বিপুদা আবার বিয়ে করেছে কাল। তোমার বন্ধু যখন জানো নিশ্চয়ই?" এই হয়েছে জ্বালা, বিপুর সাথে একটু বেশি কথা বলাই কাল হয়েছে, এই তানা এখন শুনতে হবে।

মনে মনে ভাবছে, "বিয়ে করেছে বেশ করেছে, শালা তোর কী রে? যেন তোর খুব অসুবিধা হচ্ছে, তুই যখন কলেজে পড়াতিস, কচি কচি ছাত্রীদের সাথে ঢলাতিস না? একজন ছাত্রীর সাথে বউ থাকতেও লটঘট করেছিলি, ভুলে গেছিস? শালাদের হাতে মার খেয়ে ক-দিন হাসপাতালে পড়েছিল মাথা ফাটিয়ে তার আবার মাতব্বরি!" কিন্তু মুখে হেসে বলল, "না, না, আমি কিছু জানি না। এই তোমাদের কাছ থেকেই শুনছি। আমার দেরী হয়ে যাচ্ছে বিকেলে ঝিল পাড়ে কথা হবে।" বাজারের দিকে হাঁটা লাগাল সমর। বিপুর বাড়ির সামনে এসে পা দুটো কেমন স্লো হয়ে গেল। গেটের কাছে গিয়ে একটু উঁকি ঝুঁকি দিতেই এক মহিলা পর্দা সরিয়ে বারান্দায় এসে দাঁড়িয়ে বলল, "কাকে চাই?"

লম্বা, কালো, ছিপছিপে গড়ন, টানটান শরীর নিয়ে একজন মহিলা দাঁড়িয়ে। গায়ে একটা হাউস কোট, চুলটা ক্লাচ দিয়ে উঁচু করে আটকানো এমন একজন মহিলাকে দেখে বিস্ময়ে সমরের জিভ শুকিয়ে গেল, ফ্যাসফ্যাসে গলায় বলল, "বিপু কি বাজার যাবে? মানে, বাজার যাচ্ছি তো তাই আর কী।" মহিলাও বলল, "বিপ্‌স্‌ আপনার সাথে বাজার যেত বুঝি? কিন্তু আজ যাবে না। আমি ওকে এই রোদে বাজার যেতে মানা করেছি। আফটার-অল, একটা

১৫৩

এজের পর এই রোদে ভারী ব্যাগ বয়ে আনা কষ্টকর। গতকাল সন্ধ্যায় বাজার করেছি দুজনে মিলে। হাতে হাতে ওজন হালকা হয়ে যায় দুজনে ভাগ করে নিলে। আর দুজনে কত খাব বলুন? আমরা মোটামুটি তিনদিনের বাজার করে এনেছি।" সামনাসামনি মহিলার স্মার্ট কথাবার্তায় সমর আরো কুঁকড়ে গিয়ে, "হ্যাঁ হ্যাঁ, ঠিক বলেছেন। আমি চলি কেমন?" মহিলা একেবারে বারান্দা থেকে নেমে এসে, "ওমা! দাদা, সেকী? না, না, যাবেন কেন? এক কাপ চা খেয়ে যান, ওর সাথে দেখা করে যান।"

সমর সন্মোহিতের মতো হেসে বসার ঘরে ঢুকে বসতে ভুলে গেল। ততক্ষণে বিপস বিপস করে ডাকতে ডাকতে মহিলা ঢুকে গেছে অন্দরমহলে। জানালায় ভারী ভারী সাটিনের গোলাপি পর্দা, বসার জায়গাও বেশ সুন্দর ঢাকা টাকা পরানো, সেন্টার টেবিলে ক্রুশের কাজ করা একটা টেবিলক্লথ, তাতে কাচের বাটিতে বাঁশ গাছ। শো-কেসের চিনে মাটির পুতুল, বই, শো-পিস, চায়ের কাপ-ডিশ আগে ছিল এদিক-ওদিক ছড়ানো, গুঁজে-রাখা, আর এখন কী সুন্দর করে টিপ্‌টপ্। ঘরেও যেন একটা তেলচিটে ভাব ছিল ওল্ড গিন্নির কালে, এখন ঘরটাতে একটু হাওয়া বাতাস বেশি বেশি। এমন কী বেশি আলো আলো লাগছে।

অজান্তেই একটা দীর্ঘশ্বাস পড়ল। মনে হচ্ছিল, সাধে বলে ভাগ্যবানের বউ মরে।

পর্দা সরিয়ে বিপু ঢুকতেই স্বাভাবিক হওয়ার চেষ্টায় সমর বলল, "কী রে, কী করছিলি?" বিপু ওর বিশাল বপু চেয়ারে সেট করতে করতে বলল, "আর বলিস কেন? এই কন্সটিপেশনের জ্বালায় জীবনটা হেল হয়ে গেল। ত্রিফলার জল খেয়েও কিছু হচ্ছে না।" মনে মনে সমর ভাবছে, তাও তো এই বয়সে একটা বউ জুটিয়ে ফেললি, সত্যি বাবা কপাল সোনায় বাঁধানো বলতে হবে। বিপু আবার বলে উঠল, "ম্যাডামকে দেখলি? এই পরশুদিন আমরা রেজিস্ট্রি করলাম। ফেসবুকে আলাপ বুঝলি। তা প্রায় পাঁচ-বছর হবে। স্কুলের চাকরি থেকে সবে রিটায়ার করল।" আজকে সেই সকাল থেকে সমরের কথায় কথায় দীর্ঘশ্বাস পড়ছে, লুকোনোর চেষ্টায় ব্যর্থ হচ্ছে বারবার। বিপু আবার বলে উঠল, "ওর নাম সেবন্তী গুহ, বিধবা হয়েছে তা প্রায় চল্লিশ বছর হল। খুব ভালো ফ্যামিলির, সবাই এরা এয়ারফোর্স, মিলিটারি সার্ভিস হোল্ডার ছিল। এর বাবার বাড়ি, এমন কী শ্বশুরবাড়িরও সবাই।"

এমন সময় সেবন্তী সুন্দর মেলামাইনের ট্রেতে কুকিজ আর পোর্সিলিনের সাদা কাপে চা নিয়ে ঢুকল। চিনি

কতটা, দুধ দেবে কিনা, এসব জিজ্ঞাসা করে আলতো হাতে চায়ের কাপটা "দাদা, নিন" বলে তুলে দিল সমরের হাতে। সমর কাঁপা কাঁপা হাতে কাপ নিয়ে চুমুক দিয়ে বলল, "আহ্!" সেবন্তী একটু দাঁড়িয়ে তারপর বলল, "আমি স্নানে যাই, কেমন? আপনি ওর সাথে কথা বলুন। দিদির অনেক ঠাকুর এতদিন এমনিই পড়েছিল। একটু জল বাতাসা দেব না? আমি আসি।" বিপু গলা নামিয়ে ফিসফিস করে বলল, "এই এক জানিস, দিদির শাড়ি আলমারিতে যেমন আছে থাক, মেয়েরা এসে বুঝে নেবে; দিদির গয়না আমি পরব না, মেয়েরা আর ছেলের বউ আসুক নিয়ে যাবে।" "ঠিকই করছেন উনি। হ্যাঁ রে, তোর ছেলে-মেয়েরা, বউমা, জামাইরা মেনে নিল? ওরা অবজেকশন করেনি?" মনের মধ্যে ঘুরঘুর করা প্রশ্নটা সমর উগড়ে দিল সুযোগ পেয়ে। দীর্ঘশ্বাস ফেলতে গিয়েও গোপন করে মৃদু হেসে বলল, "মেয়েরা একেবারে চায়নি মায়ের জায়গায় অন্য কেউ আসুক। বউমা কিছুই বলেনি, জামাইরাও চুপ। ছেলে যখন শুনল যে সেবন্তীর কোনো ইস্যু নেই তখন বলল যা মনে হয় কর। আমার একা হয়ে যাওয়াটা কেউ বুঝতে পারছে না, জানিস? তোর শিখাবউদি জানিস তো কেমন শুচিবাই ছিল, আজ এই ব্রত, কাল ওই করে করে অপুষ্টিতে ভুগে চলে গেল। শরীরের যত্ন নিত না, কিছু বললে শুনত না, রোজ

বিকেলে চারটের সময় ভাত খেত। তখন ছেলে-মেয়েদের কত বলেছি যে একটু মাকে বুঝিয়ে বল... কেউ বলেনি। সবার বক্তব্য, মা যা করছে করতে দাও, আর আজ আমি..."

"তুই ওপরটা ভাড়া দিয়ে ছেলে-মেয়েদের কাছে ঘুরে ঘুরে থাকতে পারতিস তো। আসলে বয়সটা তো দেখবি, সবাই একটু ছ্যা ছ্যা করবেই," হাতের শেষ ঘুঁটিটা দিয়ে দিল সমর। "মেয়েরা সবাই জয়েন্ট ফ্যামিলিতে থাকে, সেখানে আমি একদম নিজের মতো থাকতে পারব না, আর আমার বউমা চায় না আমি যাই ওদের সংসারে। ওদের আপনি কুপনি সংসারে আমি হাড্ডির মতো এক কোণে পড়ে থাকতে নারাজ। আসল কী জানিস, বউমার মা মাঝে মাঝেই গিয়ে মেয়ের কাছে থাকে, দুটো ঘর সেখানে আবার আমি বুঝতেই পারছিস! খুব অসুবিধা রে। এসব ঘরের কথা কেউ বুঝবে না। সবাই ছ্যা ছ্যা কেন করছে? এই যে শিখা তিনটে বাচ্চা হওয়ার পর আলাদা হয়ে গেল আমার থেকে, আমার তখন কত বয়স বল তো? আমি কত রাতে শিখাকে ডাকলে রেগে যেত সকালে উঠতে হবে, ছেলে-মেয়েকে দেখতে হবে, আমার অফিসের ভাত দিতে হবে। তখন কেউ ভাবত যে বাড়িতে বাইরের কেউ এসে হেঁসেলে ঢুকবে? আজকাল বাড়ি বাড়ি রান্নার লোক।

আমি আমার মেয়েদের বলি যে তোরা সারাদিন কী করিস? রান্নাবান্না নেই? তাছাড়া যা এঁটো-বাতিকগ্রস্ত ছিল শিখা। এই পুজোর আগের দিন সংযম করতে হয়, এইরকম নানা অজুহাতে আমাকে দূরে সরিয়ে দিয়েছে, আমি কি তখন অন্য নারীতে গমন করেছি? বিনয় ঘরে সতী লক্ষ্মী বউ থাকতেও ছাত্রীদের সাথে লটঘট করত, সনাতন নিজের বিধবা শালীর সাথে, ইন্দ্রদা তার পুরাতন প্রেমিকার সাথে সম্পর্কে ছিল, এগুলো পাঁচকান কি হয়নি? আজ হয়তো সেই সম্পর্কগুলো আর নেই, আসলে কী জানিস, লুকাছুপি সম্পর্কে ক্লান্তি এসে যায় একদিন। আমি তা চাইনি। এখন আমার আর সেদিন কি আছে?"

বাজারের দিকে যেতে যেতে সমর ভাবছিল বিপুর ভাগ্যটা বেশি বয়সে এসে খুলে গেল। সব শুনে সব জেনেও যেন মন-মানে-না'র মতন কোথায় যেন একটা হিংসের কাঁটা ফুটে আছে। এই তো আগের শিখাবউদি যা পিটপিটে ছিলেন, তার উপর রুগ্ন মানে রোগ রোগ বাতিক। বেলা পাঁচটায় ভাত খেতেন, সারাক্ষণ এই পুজো ওই ব্রত এই করে গেলেন। কেউ আসলে বিপু চা করে ফ্লাস্কে ভরে নিয়ে আসত, আর কাগজের কাপে পরের দিকে প্লাস্টিকের কাপে চা খাওয়া হত। কী? না কার সাথে আবার কিসের ছোঁয়াছানি হয়ে যাবে এইসব বাতিকে

সবাই বিরক্ত হত আর আজ সেবন্তীম্যাডাম কী সুন্দর সিনেমার মতো কত চামচ চিনি বলে সামনে চা করে খাওয়াল। হুশ হুশ করে দীর্ঘশ্বাস ছাড়তে ছাড়তে বাজার এসে গেল। অন্য দিন ঢুকেই পুরো বাজারটা ঢুঁ মেরে নেন, আজ সামনের দোকানে ব্যাগটা ছুঁড়ে দিয়ে "সব সব্জি আধা কিলো করে দিয়ে দাও, তিনদিন যাতে বাজারমুখো না হতে হয়। উফ! বাবা যা রোদ!" বলেই মাছের বাজারের দিকে হাঁটা দিল। কালুর দোকানে ঢুকে দেখলেন চারাপোনা শেষ, ক-টা ছোটো বাটা পড়ে আছে। তাই নিয়ে নিল, একটা পাবদা নিল বড়ো দেখে দু-টুকরো করলে একবেলা হয়ে যাবে। আরেক বেলা তো রুটি খায়, মাছের বালাই নেই। একটা রিক্সায় উঠে অনেকদিন পর একটা সিগারেট ধরিয়ে চোখ বুজে দুটো টান দিয়ে ফুস করে ধোঁয়া ছাড়ল। মনে হল কতদিনের কত না চেপে রাখা দুঃখ, হতাশা থেকে নিজেকে মুক্ত করার চেষ্টা করছে। অনেকদিন পর সিগারেট খাওয়ার পর শরীরটা কেমন আনচান করছিল। রিক্সা থেকে নেমে ছেলেটাকে বলল, "ঘরে একটু পৌঁছে দে তো ব্যাগ দুটো।"

ঘরে ঢুকেই চেয়ারটা টেনে পাখার তলায় বসেই হাঁক দিল, "বীণা, একটু এদিকে এস। ব্যাগ দুটো নাও আর ভাড়াটা মিটিয়ে দাও। আমার শরীরটা গরমে কেমন করছে।"

বীণাপাণি রিক্সার ভাড়া মিটিয়ে দিয়ে ছুটে এসে ভেজানো গামছা দিয়ে মুখ, কানের আশপাশ ভালো করে মুছিয়ে দিল, জল দিল গ্লুকোজ গুলে। ঘামে ভেজা হাঁপানো শরীরে ঢক ঢক করে জল খেয়ে চোখ বুজে বসে বলল, "এবার থেকে তিনদিন বাদ বাদ বাজার যাব।" বীণাপাণি ফ্রিজের মাছ খেতে পারে না তবুও চুপ করে রইল। রাত্রিবেলা শোওয়ার আগে ঠাকুর প্রণাম করে বীণাপাণি পা ছড়িয়ে বালিশে হেলান দিয়ে বসে একটু কথাবার্তা বলে। সমর ঘুমের ওষুধ খায় বলে একটু তন্দ্রা আসি আসি করছে এমন সময় বীণাপাণি বলল, "শুনছ, ও বাড়ির নিম্মি বলছিল সেদিন কলেজ ফেরতা বিপুবাবু আর নতুন বউকে দেখেছে, বলল তো ভালোই। নাকি খুব স্মার্ট? লাল টুকটুকে ঢাকাই পরে রিক্সা করে কোথা থেকে জানি ফিরছিল।" সমর ওপাশ থেকে এপাশ ফিরে পাশ বালিশটাকে আঁকড়ে ধরল বুকের কাছে। বীণাপাণি বলতে লাগল, " কি অবস্থা হ্যাঁ! বিয়ে করেছিস করেছিস তাও আবার এই বয়সে লাল টুকটুকে শাড়ি? লজ্জার বুঝি মাথা খেয়েছে? আরে সব বয়সের একটা চালচলন আছে তো নাকি?" সমর ঘুম ঘুম গলায় বলল, "তুমিও পরবে নাকি লাল টুকটুক শাড়ি? তার সাথে এখনকার মেয়েরা নাকে যেমন পরে, ওই নোলক পরবে?" বীণাপাণি হাসতে হাসতে বলল, "সে এক বয়স ছিল, কতকিছু পরার ইচ্ছা

হত, সংসারের হাজার বায়নাক্কা সামলে আর হয়ে উঠত না। বিয়ের লাল বেনারসিটা ফেঁসে গিয়েছিল বলে একটা লাল বেনারসি আবদার করেছিলাম কিন্তু তা আর হল না। আর কিনা এই বয়সে দুই নাতির ঠাকুমা লাল পরে ঘুরে বেড়াবে? সবই আমার কপাল!" সমরের ঘুমটা উবে গেল বীণাপাণির কথায়। হ্যাঁ, প্রথম জীবনে রোজগার কম ছিল কিন্তু শখগুলো সেভাবে পূরণ করতে পারত না। তাতেই বীণার কাছে মরমে মরে থাকতে হয়। বীণা সুযোগ পেলেই সে-কথা শোনায়। তাও বীণাপাণির হাতটা ধরে বলল, "আমি তো নিয়ে গিয়েছিলাম কিন্তু তুমি তো সাউথ ইন্ডিয়ান কিনলে, সাদা মেরুন চেক চেক।" বীণাপাণির গলায় অভিযোগের সুর, "তাতে কী? তুমি দুটোই কিনে দিতে পারতে না? কিন্তু দেবে না কারণ মা কী ভাববে? আমাদের ছেলেদের দেখেছ বউদের কত যত্ন করে কত উপহার দেয়। ভ্যালেন্টিনোতে বড়োখোকা বউমাকে হিরের কানের দুল দিয়েছে জানো? ছোটোখোকা মালয়েশিয়া ঘুরতে নিয়ে গেল। এসব করতে কি আমাদের জিজ্ঞাসা করেছিল।" সমরের নামটাই সমর কিন্তু সম্মুখসমরে চিরকাল পিছু হটেছে। সেই বাল্যকালে মাঠ, স্কুল, বড়ো হয়ে অফিস-কাছারি থেকে সংসারক্ষেত্রেও আগেই সাদা পতাকা হাতে নিয়ে দাঁড়িয়ে থাকে। বীণাপাণির হাতে নিজের হাতটা সমর্পণ করে বলল, "শুয়ে পড়, সারাদিন যা

খাটা খাটনি চলে তোমার। আর ওটা ভ্যালেন্টিনো না, ভ্যালেন্টাইন।”

“বিপ্‌স, তোমার মন খারাপ লাগছে? রিঙ্কু, পিঙ্কুর কথা মনে হচ্ছে? একটা ফোন কর, কথা বললে ভালো লাগবে।”

“না, ওরা চেনা নাম্বার দেখে ফোন রিসিভ করবে না।”

“আমার ফোন থেকে কর, ওরা বুঝতে পারবে না। বাবার গলা পেলে কি আর মেয়েরা চুপ করে থাকতে পারবে? ঠিক দেখবে কথা বলবে।”

“থাক, সেবন্তী। আজেবাজে কথা শুনতে ইচ্ছে হচ্ছে না।”

“এ তো দেখি আমায় বিয়ে করে তুমি আরো একা হয়ে গেছ, হিতে বিপরীত হয়ে গেছে। তোমার এই পাংশু মুখ দেখে আমার তো ভালো লাগছে না।”

“ঠিক আছে, আস্তে আস্তে সয়ে যাবে। একটু চা হবে? কড়া করে, মাথা ধরেছে খুব।”

ঝিল পাড়ে বিশাল মাঠ তার পাশে ভাঁটফুল আর শিয়ালকাঁটার আগাছা প্রচুর, সেখান থেকে শ-এ শ-এ মশা এসে ক-দিন এত উত্যক্ত করছে যে বৃদ্ধদের সমাবেশ হয়ে উঠছে না। শীতকালে আপাদমস্তক ঢেকে মশার উৎপাত সহ্য করা গেছিল কিন্তু এখন আর পারা যাচ্ছে

না। সবাই আজকাল গোধূলি থাকতে থাকতে চলে আসছে, আলো ঢিমে হয়ে আসলেই বাড়ির দিকে পা বাড়িয়ে দিচ্ছে। চারদিকে যা ডেঙ্গু হচ্ছে সবাই ভয়ে ভয়ে থাকে। মাঠের একদিকে জাল দিয়ে দেওয়া হয়েছে, বাচ্চারা ফুটবল কোচিং নিচ্ছে। এদিকে একটা শিমুল গাছের তলায় বেদীতে গোল করে সবাই বসে গল্পগাছা করে। দূর থেকে বিপুকে দেখে সনাতন বলে, "এই দ্যাখ, বিপুদা আসছে। বিপুদা তো আটষট্টি বয়সে বিয়ে করে ফেলল। আমরা আর আমড়া চুষে কী করব? একটা বউভাতের নেমন্তন্ন তো পেতে পারি নাকি? বিপুদাকে বলব?" অশোক বলল, "তুমি চুপ করে যাও, সনাতন। আমাদের গিন্নিরা বউভাত খাওয়া জন্মের মতো ঘুচিয়ে দেবে।" বিপুল এসে সবাইকে "গুড ইভিনিং" উইশ করল। বিপুর বিপুল দেহে একটা কমলা রঙের টি-শার্ট, পরনে থ্রি-কোয়ার্টার বারমুডা, জুতো মোজা, একেবারে খোকাবাবু সেজে এসেছে যেন। ফিসফাস করে এ ওকে ঠ্যালাঠেলি করতে লাগল। বিপু বুঝেও না বোঝার ভান করে সমরের সাথে কয়েকটা কথা বলার পর গলায় ঝোলানো ফোনে ট্রিং করে আওয়াজ হতেই মোবাইল খুলে দেখে হেসে নিয়ে আবার কিছু খুটখাট লিখল। আবার আলো জ্বলে ট্রিং করে আওয়াজ হল।

বিপু এবার বলল, "আমার ম্যাডাম বলছে, চলে এস। মশার কামড় খেয়ে ডেঙ্গু বাঁধাতে হবে না। আসার আগে নিজের হাতে ওডোমস মাখিয়ে দিল তাও ভয়। আমি লিখলাম অনেকদিন পর বন্ধুদের কাছে এসেছি তো লিখেছে সব বন্ধুদের নিয়ে যেতে। যাবে নাকি? এই সনাতন, বিনয়, অশোক, অধীর? সমর যাবি? তোর কথা বলছিল সেদিন যে সমরদাকে আসতে বল।" একটু থেমে, "প্রদীপদা আর ইন্দ্রদা, চলুন, আপনাদের বউমার সাথে আলাপ করে আসবেন।" বিনয়, সনাতন এমনভাবে সমরের দিকে তাকাল যে খুব পাপ কাজ করে ফেলেছে। ওদের বলেনি যে বিপুর বউকে সামনে থেকে দেখেছে, আলাপ হয়েছে, আবার যদি শোনে চা খেয়ে এসেছে কী যে হবে! সব থেকে ভয় তো বীণাকে। সমর ভয়ে কুঁকড়ে গেল এই ভেবে এই কথা যদি বীণার কানে যায় তাহলে আজ আর বাঁচবে না। বিপু আরেকবার সবার দিকে তাকিয়ে, "যাওয়া হচ্ছে তাহলে?" কেউ হ্যাঁ বলল না, না-ও বলল না, শুধু সবার পা জোড়া বিপুল সামন্তকে অনুসরণ করল। বাড়ির সামনে আসতেই সবাই অবাক। বারান্দার টিমটিমে জিরো পাওয়ারের বাল্বের বদলে ঝকঝকে পাওয়ার সেভার, বারান্দার সিঁড়িতে দুটো টবে গোলাপ ফুটে আছে, ডোর ম্যাটটাও যেন চেঁচিয়ে বলছে, "ওয়েলকাম"।

ঘরের মেঝেতে ফরাস পাতা। সোফাসেটে নতুন কভার, পাশেই বেশ কয়েকটা রাজস্থানি মোড়া। যে যার আসন নিতেই সেবন্তী একটা সবুজ টাঙ্গাইল পরে বেড়িয়ে এল। চুল খোঁপা করে নিয়েছে, খোঁপার পাশে কাঠি গোঁজা সেটা থেকে আবার কেমন সব ঝুমঝুমি ঝুলছে, চোখে মোটা করে কাজল, কপালে লাল টকটকে বড়ো টিপ, গা থেকে ভুরভুর করছে সুন্দর গন্ধ। সবাইকে নমস্কার জানিয়ে গ্লাসে করে মিছরির শরবত জলজিরা দেওয়া, ওটা নাকি সেবন্তীর স্পেশাল শরবত, সবাইকে দিলে এক ঢোকে চোঁ করে সবাই খেয়ে নিল। প্রদীপদা আর ইন্দ্রদাকে পা ছুঁয়ে প্রণাম করে ভিতরে চলে গেল, কারোর মুখে কথা সরছে না। সবাই হাঁ করে সেবন্তীকে দেখছে, এখানে সবার বউয়ের বয়স পঞ্চান্ন থেকে একষট্টি-বাষট্টি হবে, কিন্তু তারা হাজার রোগ বাঁধিয়ে বসে আছে, কারোর উচ্চরক্তচাপ, কারোর সুগার, কারোর থাইরয়েড, কেউবা বেতো রুগি। কারোর বউ অতি স্থুল হয়ে থপথপ করছে আবার কারোর একেবারে শীর্ণ-জীর্ণ-দীর্ণ দালান। ষাট বছরের সেবন্তীকে দেখলে কেউ বলবে না বয়স হয়েছে, খুব চটপটে। হালকা শরীর যেন উড়ে চলে। অনায়াসে পঁয়তাল্লিশ বলা চলে, চোখের কোলটা খেয়াল করলে একটু যা মনে হয়। সবাইকে মিষ্টি, নিমকি খাইয়ে বলে

দিল মাঝে মাঝেই যাতে সবাই আসে। ভালো গল্প করা যাবে। সবাই মন্ত্রমুগ্ধের মত হ্যাঁ হ্যাঁ করে বাড়ির দিকে পা বাড়াল। কেউ কিন্তু বাড়িতে ফিরে কারোর বউকে জানাল না আজ তারা বিপুর নতুন বউয়ের সাথে শুধু আলাপ করেনি, তার হাতের শরবত খেয়েও এসেছে।

দোলের দিন সমর গিন্নির কথামতো ফুট কড়াই কিনতে গেলে বিপুর বউ সেবন্তী সমরকে ডেকে বলে, "দাদা, হ্যাপি হোলি।" সমর হেসে গেটের দিকে এগিয়ে গেলেই সেবন্তী হাতের মুঠো আলগা করে বেগুনী রঙ মাখিয়ে দেয় সমরবাবুর মাথায়। সমরের এমনিতেই মাথাভরা টাক নিয়ে কমপ্লেক্স আছে, সেখানে বেগুনী রঙ লেগে আছে মনে হতেই বিব্রত হয়ে গেল, রাগ কোনোদিন দেখাতে পারে না কিন্তু এই রঙ নিয়ে কীভাবে বীণার সামনে যাবে ভেবেই আকুল। বিপুর হাসিতে ভাবনার চটকা ভেঙে যেতেই সেবন্তীর দিকে তাকিয়ে সমর হাঁ হয়ে গেল। সেবন্তীর পরনে লাল পাড়ের হলুদ শাড়ি, সবচেয়ে চোখে যা বেশি লাগছে তা হল কানের পাশে গোঁজা শিমুল ফুল। সেবন্তী সমরের দৃষ্টি পড়তে সময় নিল না এক সেকেন্ডও। একটু লজ্জা পেয়ে বলে উঠল, "এই দেখুন আপনার বন্ধুর কাজ। আমরা মর্নিং-ওয়াক করতে ঝিল-পাড়ে গেছিলাম, ফেরার পথে শিমুলতলায় বসেছিলাম উনি আমায় দুটো

ফুল দিয়ে বললেন মাথায় দেবে? আমিও দিলাম খোঁপায়। দাদা আপনাকে যে রঙ দিলাম তা কিন্তু হারবাল, কিছুটি হবে না মানে স্কিনে কোনো এফেক্ট করবে না। সকাল সকাল আপনার বন্ধু প্রথম রঙ দিল বলে মাথার ফুলের দিকে হাত দিয়ে দেখালেন সেবন্তা। সমর মাথা নেড়ে যে কি বোঝাতে চাইলেন তা উনি নিজেই জানেন। ফেরার পথে বিপু বলে দিল, "সন্ধ্যাবেলায় বাড়িতে আসিস, আরও সবাইকে বলেছি বেশ একটা জমাটি আড্ডা হবে।"

বাড়িতে ঢুকে ঠাকুরঘরের সামনে ফুট কড়াই আর মিষ্টি রেখে লুকিয়ে রঙ ঝেড়ে নেবে ভেবেও বীণা সামনে এসে পড়ায় কেমন চুপ মেরে দাঁড়িয়ে রইল। তা দেখে বীণা হাসতে হাসতে, "বাচ্চারা রঙ দিল বুঝি? তা ভালোই করেছে যা বেরঙ বুড়ো আমার কপালে জুটেছে তাও রঙ দেখে যদি মনটা একটু রঙিন হয়"। সমরবাবু চোখ কুঁচকে তাকিয়ে, "আচ্ছা, আজ মনে হচ্ছে আমি বুড়ো? তুমি কী? বেতো বুড়ি একটা!" বলে বীণার মাথায় ঠাকুরঘরের সামনে রাখা আবীরের থালা থেকে আবীর তুলে বীণাপাণির মুখে রঙ মাখিয়ে দিতেই কাজের মেয়ে পদ্মা হো-হো করে হেসে উঠে বলল, "আরে, দাদু দিদা তোমরা এক্কেরে অমিতাভ আর হেমা মালিনী বাগবান ছবিতে গান গাইতে গাইতে রঙ মাখাচ্ছিল। সেই গানটা গো হোলি

খেলে রঘুবিরা…" বলে হাতের বালতি রেখে নিজেই দু-পাক নেচে নিল। বীণাপাণি রাগ করতে গিয়েও হেসে ফেলল আর থালাটাই উপুড় করে পুরো আবীর সমরবাবুর মাথায় ঢেলে দিল।

সমর স্নান করার সময় দেখল মাথায় জল ঢালতেই দেখল বেগুনী রঙ পিছলে গা দিয়ে গড়িয়ে পড়ছে। সেই যৌবনের ফেলে আসা দিনগুলোর কথা মনে আসছিল। বন্ধুদের সাথে রঙ খেলে এসে বীণাকে ডাকত পিঠে সাবান দিয়ে দিতে। বীণা আসলেই অস্থানে কুস্থানে বাথরুমের এক কোণায় লুকিয়ে রাখা রঙ মাখিয়ে দিত। বীণা রাগ করত মা কি বলবেন ভেবে ভয় পেত। বীণার সেই ফর্সা মুখ লাল হয়ে যেত ভেবে নিজের মনেই হাসল। দিন চলে যায় কিন্তু স্মৃতি রেখে যায় যা ভুলে যায় না কেউই শুধু চাপা থাকে। আজ আবার সন্ধ্যায় বিপু যেতে বলল। সবাই যাবে কিন্তু সেবন্তীকে দেখলে সমর কেমন হারানিধির মতো হয়ে যায়। কী করবে কী বলবে কিছুই বুঝতে পারে না। এদিকে সনাতন আর বিনয় বউদি বউদি বলে কত যে তামাশা করে। সেবন্তীর একটা অদ্ভুত আকর্ষণ আছে কথায়-বার্তায়, এত পরিণত মহিলা এ জীবনে খুব কম দেখেছে সমর। এই তো সেদিন বলছিল, "দাদা, এই বয়সে কী স্বামী-স্ত্রী সম্পর্ক বলুন, সেই চাহিদা তো

আমাদের ফুরিয়েছে, আমাদের সম্পর্কের মূল কথা আমরা বন্ধু। মনের কথা শেয়ার করা, পারস্পরিক বোঝাপড়া নিয়েই বাকি যে ক-টা দিন কেটে যায়। এই যদি ফরেন হত আমি বিপ্সকে বিয়ে করতাম না। বন্ধুর মতো কখনো আমাদের চণ্ডীগড়ের বাড়িতে ও যেত আবার আমি এখানে এসে থাকতাম। কিন্তু এটা ইন্ডিয়া, এখানে সব সম্পর্কের নাম চায়, হিসেব চায় এখানে অন্তরের মিল বড়ো নয়, লোক-দেখানো মৃত সম্পর্কেও মানুষকে মুখ গুঁজে থাকতে হয়। তাছাড়া ছেলে-মেয়েরা কী মনে করবে? অনেক হিসেব, দাদা। আমার উনি বিয়ের কয়েক বছর যা আমার সাথে ছিলেন। তারপর এখান ওখান, ট্রান্সফার সব জায়গায় আমি যেতেও পারতাম না। আমাদের সন্তান হল না। তারপর একদিন সব শেষ। আমি তো বিয়ের কথা তখনি ভাবতাম যদি শরীরের কথা বলেন।" একটু অসোয়াস্তি লাগছে একজন মহিলার মুখে এসব শুনতে, আগে কারো সাথে এইসব আলোচনা করেননি সমর। তাও মনে মনে ভাবল, সত্যি তো বাইরের দেশে ছেলে-মেয়েকে বড়ো করা হয়েছে মানেই দায়িত্ব শেষ, কিন্তু এখানে তো তা নয়। এত খোলামেলা আলোচনা করার মতো মহিলা এখানে আর কে আছে?

বীণা অঘোরে ঘুমাচ্ছে দেখে বীণার মুখখানা কতদিন পর সমরবাবু ভাল করে দেখল। এই বীণাকে সমরবাবুর মা কী জ্বালান জ্বালিয়েছে, তাও শুধু নীরবে কত চোখের জল ফেলেছে। পরপর দুই মেয়ে বলে কম কথা শুনতে হয়নি বীণাকে, সমর কিছু বলেনি কেন? মাকে কেন বোঝায়নি যে এতে বীণার হাত নেই? পারেনি মায়ের মুখের উপর কথা বলতে। আজ মনে হয় বীণা বড়ো খিটখিটে, কিন্তু কীভাবে একটা মানুষ এমন হয়ে যায় তার মনের খবর রাখার চেষ্টাই করেনি উপরন্তু বারবার মনে হয়েছে বীণা বেসুরে বাজে। বড্ড মুখরা, ভীষণ চাঁছাছোলা। সেবন্তী তো ঠিকই বলেছে, এখন কি আর সেই তাপ সেঁকার মতো জোশ আছে? কিন্তু বন্ধু হতে আপত্তি কী? আবার করে স্নান করে বীণা ঠাকুর দিয়ে, ওর নিজের বাবা মায়ের আবার সমরবাবুর বাবা মায়ের ছবিতে মালা দিয়ে আবীর দিয়ে তবেই রান্নাঘরে ঢুকতেই সমরবাবু বলেছিল, "রোজ রোজ এত রান্নার কী আছে? আজ সেদ্ধ-ভাত ঘি দিয়ে খেয়ে নিই এস!" বীণা খেতে খেতে বলেছিল, "কী ব্যাপার, বুড়ো বয়সে দেখি ভীমরতি! ঘি ভাত খাওয়ার শখ জেগেছে। দেখো বাপু, পেটে সইলে হয়।" সমর কাঁচা লঙ্কায় কামড় দিয়ে হেঁচকি তুলতে তুলতে জলের গ্লাসটা মুখে তুলে নিয়েছিল।

সন্ধ্যায় বেরোবার মুখে দেখল বীণাপাণি আয়েস করে চা নিয়ে বসেছে টেলিভিশন খুলে। এখন একের পর এক সিরিয়াল খেয়ে পেট ভরাবে। তারপর কাজের মেয়ের পদ্মার সাথে "ইচ্ছে নদী"র অদ্রিজার বদমায়েশির কথা তুলে রাগ করবে আবার মেঘলার দুঃখে প্রায় কেঁদে ফেলবে। পাশের বাড়ির রায়গিন্নির সাথে "চোখের তারা তুই" নিয়ে গল্প চলবে। গুটি গুটি পায়ে বেরিয়ে এল। রোজ রোজ বিপুর বাড়িতে চা-টা এটা সেটা খাওয়া হয় বলে আজ মনে হল কিছু নিয়ে যাওয়া যাক সবাই যাবে যখন। পাড়ার মোড়ের দোকানে গরম জিলিপি দেখে নিয়ে নিল। বিপুর বাড়িতে একেবারে চাঁদের হাট বললে কম হবে সবাই এসে গেছে। সনাতন গাইছে, "ওরে ভাই ফাগুন লেগেছে বনে বনে..." বড়ো বড়ো কাজল কালো চোখ মেলে মুগ্ধ হয়ে গান শুনছে সেবন্তী। সমর জিলিপির ঠোঙাটা সেবন্তীর দিকে বাড়িয়ে দিলে সেবন্তী হেসে নিয়ে টেবিলে রাখল। গান শেষ হতেই সবাই হাততালি দিল। সেবন্তী বলল, "আমি কিন্তু আরও গান শুনব।" বিনয় বলল, "আরে, সনাতন এই একটা গান আজকে সকাল থেকে প্র্যাকটিস করেছে, আর কি জানে নাকি? আমি তো দেখিনি আগে কোনোদিন গাইতে।" সনাতন ব্যঙ্গের হাসি দিলেন বিনয়ের দিকে ফিরে, যেন দ্যাখ কেমন লাগে। আমি এখনও বেশি নাম্বারে। বিনয় দমবার পাত্র নয়। এরা

দুজনেই সবে এ-বছর রিটায়ার করেছে তাই এদের মধ্যে সবকিছুতেই হাম কিসি সে কম নেহি ব্যাপার। সেবন্তী বড়ো ট্রে করে দই বড়া আর সমরের আনা জিলিপি সেন্টার টেবিলে রাখল। বিনয় সবাইকে হাতে হাতে তুলে দিল, সেবন্তী থ্যাঙ্কস বলতেই বিনয়ের সনাতনের দিকে তাকিয়ে হাসি। সমরবাবুর দিকে তাকিয়ে সেবন্তী বলল, "এবার আপনার পালা, দাদা, গান গাইতে হবে।" সমর আঁতকে উঠে, "ওরে বাবা! আমি? আমি গান গাই না এমনকি বাথরুমেও না। তার চেয়ে বরঞ্চ আপনি গান করুন।" বিপু বললেন, "হ্যাঁ, ম্যাডাম, তুমি গান গাও।" সেবন্তীর কোনো হেজিটেশন নেই। দুটো ভজন শুনিয়ে আক্ষেপ করল বাংলা গান জানে না বলে। অনেক শোনে কিন্তু জানে না সেভাবে। ইন্দ্রদা কিশোর কুমারের গান দু-কলি গাইলেন, অশোক মান্না দে-এর। বেশ জমেছিল সন্ধ্যাটা। বারবার মনে হচ্ছিল সমরবাবুর যে গান না জেনে বিশাল ভুল করে ফেলেছে। জীবনের বিশালতম ভুল গান না শেখা বা গুনগুন করে গান না গাওয়া। নিজের মনের মধ্যেই আক্ষেপ চেপে রাখল। সেবন্তী সবাইকে জিজ্ঞাসা করল, কে কী করতে ভালোবাসে? কেউ গান করতে, কেউ শুনতে, কেউ সিনেমা দেখতে, কেউ নাকি গীটার বাজাতেন, এসব শুনতে শুনতে সেবন্তী বারবার বলছিল

আবার এমন আসর হবে, সবাই গান গাইব, আনন্দ করব, কেমন?

ঝিল পাড়ে কয়েক রাউন্ড দিয়ে সবাই শিমুলবেদীতে বসে বিশ্রাম নেয়, তখন এদিক সেদিক অনেক কথা হয়। দূর থেকে দেখল সবাই বিপু আর সেবন্তী রিক্সা থেকে নেমে ওদিকেই আসছে। "এই রে! এদিকে আসছে কেন? বিপুদার ঘটে যদি একটু বুদ্ধি থাকত! ঠিক কেউ না কেউ দেখবে আর আমাদের আনন্দ-অনুষ্ঠান সব মাটি," সনাতন খেদোক্তি করলে সবাই হুম বলে চুপ করে রইল। সেবন্তী হেসে বলল, "আমি কি জয়েন করতে পারি ওল্ডম্যানদের মাঝে অনলি ওয়ান সুইট সিক্সটিন?" সনাতন হেসে হেসে, "হোয়াই নট? আমি আপনার কী সেবা করতে পারি, ম্যাডাম?" সেবন্তি হেসে, "আপাতত এক কাপ চা হলেই হয়।" ইন্দ্রদা বললেন, "তা বউমা কোথায় গিয়েছিলে?"
"এই দাদা, সিনেমা দেখতে গিয়েছিলাম। আমি তো সিনেমা দেখতে ভালোবাসি সে এ যুগের হোক বা সে যুগের হোক," সেবন্তীর উত্তর।
"এই বয়সে সিনেমা?" অশোক হ্যা হ্যা করে হেসে বলে। সেবন্তী চোখের কোলে প্রশ্ন ভাসিয়ে, "বয়স? বয়স তো ওনলি আ নাম্বার। তা তে কী এসে যায়? সিনেমা দেখলে এন্টারটেইনমেন্ট হয়, মন ভালো হয়, নিষিদ্ধ কোনো কাজ

তো নয়, তাই না? আপনারা সিনেমা যান না? দিদিরা কিছু বলেন না?”

“ওরা আর কী বলবে? নাতি-নাতনী নিয়ে সংসার সব, এখন আর ইচ্ছে অনিচ্ছের কী আছে?” অশোক একটু জোরের সাথেই বলে।

“না দাদা, ইচ্ছে হয় কিন্তু আপনারা জানতে চাননি বলেই আর ওনারা বলেন না। অভিমান মানুষকে পাথর করে দেয় জানেন? এই দীর্ঘ পথ আপনারা দিদিদের সাথে চলেছেন, কিন্তু বলতে পারবেন দিদিরা কী খেতে ভালোবাসেন? কোন রঙ ভালোবাসেন? পছন্দের জিনিসগুলো জানতে চেয়েছেন? কোনোসময়ে মুখ থেকে বের করে ফেললে ভেবেছেন দাবী করছে, ভেবেছেন চাহিদা। আপনারা নিজেদের জ্বর হলে শুয়ে থেকেছেন কিন্তু দিদিদের শরীর খারাপ হলেও মরে মরে তারা সংসারের জন্য করেছেন। পুরুষমানুষদের সবকিছু থাকবে আর মেয়েদের জন্য কিছু নয়?” একটা দীর্ঘশ্বাস ফেলে সেবন্তী শিমুলফুলের কার্পেট দিয়ে সম্রাজ্ঞীর মতো মাথা উঁচু করে দৃপ্ত ভঙ্গিতে হেঁটে চলে। সনাতন হাতে কাগজের কাপ আর কেটলি নিয়ে “বউদি চা” বলে এগিয়ে গেলে হেসে বলেন, “স্যরি, আজ থাক”। বিকেলটা যেন এক নিমেষে ঝুপ করে সন্ধ্যার কোলে মাথা রেখেছে, মশাদের বোঁ বোঁ কনসার্ট শুনতে শুনতে বুড়োদের দল চুপ করে এ

ওর চোখ চাওয়া-চাওয়ি করছে। সমরের বুকটা কেমন জ্বালা জ্বালা করতে লাগল। অ্যাসিডিটি নাকি?

ঘরের মধ্যে ঢুকেই ফ্যানটা জোরে করে দিল সমর। বীণাপাণি বলে উঠল, "তোমার আবার ঠান্ডা ঠান্ডা বাতিক বলে তো কমে রেখেছি।"

"আমার ঠান্ডা বাতিক চাদর দিয়ে নেব, কিন্তু তোমার তো আবার গরম বাতিক পাশে শুয়ে হুশহাস করবে, তার চেয়ে এই ভালো," শুয়ে পড়ল সমর। বীণাপাণি সমরের মাথায় হাত বোলাতে বোলাতে বলল, "আদিখ্যেতা বেড়েছে মনে হচ্ছে? বুড়ো বয়সে ভীমরতি!" সমর বীণাপাণির মুখের দিকে তাকিয়ে ভাবছিল কতদিন ভাল করে বীণাকে দেখেনি।

রঙ্গনফুল ও মা

"মা, আমরা কোথায় এসেছি?"

মউয়ের কথায় উত্তর এল, "এটা তোর শিবপুরের জ্যেঠু, কাকুদের বাড়ি।"

"মানে?"

"তোর বাবার কাকুর বাড়ি। কাকিমা মারা গেছেন তো তাই আজ শ্রাদ্ধ। মউ এখানে কিন্তু বেশি জোরে হাসবে না, কথা বলবে না, দুষ্টুমি করবে না। শোকের বাড়িতে এরকম করতে নেই।"

মউ বাধ্য মেয়ের মতো মাথা নেড়ে জানিয়ে দিল যে মায়ের কথা মেনে চলবে। মউ মা অন্ত প্রাণ। তার গম্ভীর, কম-কথা-বলা বাবার ধারে কাছে সে ঘেঁষে না। মউ সেদিন জানল তার ঠাকুরদাদারা তিন ভাই। মউয়ের ঠাকুরদাদা সবার বড়ো, আর শিবপুরের দাদু মেজ আর বাংলাদেশে ছোটোদাদু। মউ জন্মে নিজের ঠাকুমা, ঠাকুরদাদাকে দেখেনি। এক বিয়েবাড়িতে শিবপুরের ঠাকুমাকে দেখেছিল বটে। কী সুন্দরী সেই ঠাকুমা, গায়ের রঙে যেন রোদ্দুর পিছলে যায়। শ্যামাঙ্গী মউ হাঁ করে দেখেছিল ঠাকুমাকে। সাদা গরদ পরা যেন শুভ্র পবিত্র এক জুঁই ফুল। যদিও এটা মউ ভাবেনি, মউকে ওর মা বলেছিল। মউয়ের এখনো নিজস্ব ভাবনার সময় আসেনি, মায়ের ভাবনাকেই

নিজের করে নেয়। মউয়ের বাবারা পাঁচ ভাই, পাঁচ বোন। মউ সব কাকা, জ্যাঠা, পিসিদের নাম জানে। এখানে এসে দেখল বাবার আরো কাকাদের ছেলেদের আর তাদের ছেলেমেয়েদের। একলা মউ এতগুলো ছোটো-বড়ো দাদা-দিদি, ভাই-বোন পেয়ে দিশাহারা হয়ে গেল। বিশাল বাড়িটার ছাদে পুরোহিতের মন্ত্র ভেসে আসছে, নীচের ঘরে বাবাদের সব ভাইরা গল্প করছে কতদিন পর সব দেখা হয়েছে। মউ ভাবে তার মা বলে দিয়েছে এটা শোকের বাড়ি, যিনি এতদিন সংসারে ছিলেন তাকে শ্রদ্ধা জানানোই হল শ্রাদ্ধ। যেমন পিরামিডের ভেতরে খাবার দাবার, গয়না, জামা কাপড়, জল সব রাখা থাকে মৃতদেহের সামনে, শ্রাদ্ধ যেন একটা তেমনি পূজাপাঠ। সেখানে খাবার দাবার, আসন, বসন ব্যসন, বিছানা সব সেই মানুষটির উদ্দেশ্যে নিবেদন করা হয় সম্মান দেখানোর জন্য। মা বলেছে মউ এখন বড়ো হয়েছে তো তাই সব জানা উচিত। মউয়ের মা যা যা বলে, সুন্দর করে বোঝায়, মউ ভাবে মায়ের মতো কেউ জানে না। মায়েরা অনেক জানতে পারে, জেনে যায়। সেই অনুষ্ঠানে গিয়ে সবাইকে চেনা জানা হওয়া আর আসা যাওয়া মাঝে মাঝে ক্বচিৎ কদাচিৎ হলে মউ সবাইকে চিনে নিত।

মউদের কলকাতার অনতিদূরে শহরতলীর বাড়িখানা গাছ গাছালি দিয়ে ঘেরা। মউদের ঢাকুরিয়ার কাকা, জ্যাঠাদের বাড়িখানায় তেমন ঘর নেই। বাংলাদেশ থেকে দেশভাগের সময় চলে আসা ঠাকুরদা তার ছেলে-মেয়েদের নিয়ে ওখানেই সংসার পাতেন। মউ এগুলো মায়ের থেকে শোনে, মনে রাখার চেষ্টা করে। মনে মনে তাদের এত বড়ো পরিবারের জীবনপঞ্জি বানায়, খেই হারিয়ে ফেলে আবার চেষ্টা করে। মা বলে দিয়েছে জীবনে একেশ্বরী হতে না, স্বার্থপর হতে না। মউ মনে মনে ভাবে জীবনেও স্বার্থপর হবে না। মউদের শহরতলীর বাড়িটা দুই ঘর থেকে তিন ঘর হয়। পিসিরা আসে, কাকুরা আসে, কাজিন দাদা দিদিরা আসে, সবাই আনন্দে থাকে। জামরুল গাছে ফুল আসে, লালমুখ ফল হয়। গাছের নীচেই পড়ে থাকা কাক-এ-খাওয়া জামরুল দেখে পাশ কাটিয়ে যায় মউ। জামরুল গাছে কোকিল ডাকে কুউউউ কুউউউ, আর মউ ছুটে গিয়ে কোনো কাজিন দাদা-দিদিকে নিয়ে আবার ভেঙিয়ে ডাকে কুউউউ কুউউউ। কত গাছ মউদের বাড়িতে। আম, জাম, লিচু, জামরুল, নারকেল, দেওয়ালের সার দেওয়া সুপারি, কাঁঠাল, পেয়ারা। মউয়ের মেজদা, ছোড়দা আসে, থাকে, কাঁচা আম খায়, পাঁচিলে পা দুলিয়ে বসে ডাঁশা পেয়ারা খায়। পাঁচিলের এদিক থেকে ওদিক ব্যালেন্স করে হাঁটে। মউ এক দুপুরে ব্যালেন্স করে হাঁটতে

গিয়ে চিৎপটাং। মউ অজ্ঞান হয়ে গিয়েও যেন মায়ের গায়ের গন্ধ পাচ্ছিল। সেই সময় আইসক্রিমওয়ালা হাঁক পাড়ল মউদের বাড়ির সামনে। মউয়ের মা পড়ি-মরি করে ছুটে গিয়ে আইসক্রিমওয়ালার থেকে বরফ নিয়ে মাথায় দিতে ধীরে ধীরে চোখ মেলে মায়ের জল ভরা চোখটাই দেখেছিল।

এই তো সেবার মায়ের সাথে মউ গেছিল শোভনদের পুকুরঘাটে। একগাদা বিছানার চাদর, পর্দা কাচবে। মউ বসেছিল পা ডুবিয়ে পুকুরের জলে। হঠাৎ কি হয়েছিল মউ জানে না, সড়াৎ করে মউ ভেসে গেছিল পুকুরের জলে। হাবুডুবু খেতে খেতে মউ হাত-পা ছুড়েছিল বাঁচার জন্য। মাঝ পুকুরে স্নান করছিল বুবুনদা। মায়ের আর্ত চিৎকারে সাঁতরে এসে মউকে বাঁচিয়েছিল। মউ মায়ের বুকের মাঝে থরথর করে কেঁপেছিল অনেকক্ষণ। মউয়ের বারবার মনে হয় মা না থাকলে সে মনে হয় তলিয়ে যাবে, হারিয়ে যাবে। দুর্গাপূজায় ঠাকুর দেখতে গেলে মায়ের হাত শক্ত করে ধরে থাকত মউ। মাকে সে হারাতে পারবে না। স্কুলে যতক্ষণ থাকে মনের ভেতরটা খালি মা মা করে। বাড়িতে ফিরে মাকে না দেখলে খুব খারাপ লাগে, মন ভালো লাগে না। মউদের যখন বাড়িটা তৈরি হচ্ছিল, মউ তখন বাড়ি ফিরে মাঝে মাঝেই মাকে পেত না। মা নতুন

বাড়ি দেখতে গেছে শুনে মুখ অভিমানে ভার হয়ে যেত। ভাড়া বাড়ির পাশের বাড়ির বড়ো পিসি, ছোটো পিসিরা এসে মায়ের রেখে যাওয়া খাবার এগিয়ে দিত। মউয়ের একদম খেতে ইচ্ছে করত না। মা কি জানে না কতক্ষণ মাকে না দেখতে পেলে মউয়ের কেমন কান্না পায়? মা বাড়ি ফিরে বুকে জড়িয়ে ধরলে কেমন যেন শান্তি।

মউয়ের মা কি মউকে খালি আদর করত? মোটেই না। রেগে গেলে কত মেরেছে, হাতের সামনে যা পেয়েছে তাই দিয়ে মেরেছে। কিন্তু মউ তাও মাকেই জড়িয়ে ধরেছে আরো আরো। "মউ পড়তে বস, মউ ট্রান্সলেশন করে ফেল, মউ টাইম কলে জল আসলেই স্নান করে নিবি, মউ লেপ তোষকগুলো ছাদে দেওয়া আছে ওগুলো উল্টে দে, মউ বড়ো হচ্ছিস নিজের জামাকাপড় নিজে কেচে নিবি, মউ বাড়িতে দাদা-দিদিরা থাকলে একটু কষ্ট করে শুতে হয়, মউ মুখে-মুখে কথা বলবি না, মউ কারোর সামনে সবসময় সব সত্যি বলতে নেই। মউ পৃথিবীকে দেখে মায়ের চোখ দিয়ে, মায়ের ভাবনা দিয়ে, মায়ের মনন দিয়ে। "মা, আমার সাথে কেউ খেলছে না। মা, আমার সাথে কৃষ্ণা আড়ি করে দিয়েছে। মা, বিনি আমার সাথে কথা বলছে না, ঝগড়া করছে"। মা আঁচল পেতে দিচ্ছে দুদণ্ড যাতে শান্তি পায়, মউয়ের সাথে ব্যাডমিন্টন খেলছে,

লুডো খেলছে, ঘটি গরম চানাচুর কিনে দিচ্ছে। বড়ো হতে হতে মউয়ের বন্ধু হয়ে যাচ্ছে। "মা জানো, ওই ছেলেটা আমায় চিঠি ছুড়েছিল, মা বটতলার ছেলেরা আমায় কী জানি সব বলছিল, বিউটি অ্যান্ড গর্জাস-এর ছেলেটা আমায় বলছিল, বিয়ে করবে?"

"মউ, চুপ করে থাকবি, এমন ভাব যেন শুনতেই পাসনি। তাকাবি না একদম, নিজের মতো যাবি আসবি। বোবার শত্রু নেই, জানিস তো?" রথের মেলা থেকে একটা লাল থোক থোক রঙ্গন ফুলের গাছ নিয়ে এসেছিল বাবা। মউ তখন সিক্সে পড়ে। মউয়ের মা পরেরদিন গর্ত করে পুঁতে দিয়েছিল গাছটা। বাড়ির সামনে কত গাছ। গেটের সামনে সাদা রঙ্গন থোক থোক, দু-পাশে দু-রঙের স্ফুশ ফুল যাকে মউ বলত ঝুমকোলতা। একদিকে সাদা আর আরেকদিকে জাম রঙের। আবার করবীফুল, একদিকে গোলাপি আরেকদিকে সাদা। ঝুপ্পুস এক কামিনী গাছ তার পাশেই সাদা কাঞ্চন। এই লম্বা লম্বা হয়ে যাওয়া গাছের নীচে রঙ্গন ফুল হয়ে থাকত ঝুমঝুমে। প্রথম যে-বার ফুল ফুটেছিল রঙ্গন গাছে, মউয়ের মনটা কেমন খুশি খুশি হয়েছিল। কেন জানি রঙ্গন ফুলের গাছটাকে দেখলেই মনে হত ঠিক মায়ের মতন। গোলগাল ফরসা মা যখন এই রঙ্গন ফুলের রঙের শাড়ি পরে, মউ একবার মাকে দেখে

একবার ফুলে ভরা গাছটাকে দেখে। কেন জানি মায়ের সাথে রঙ্গন ফুলগাছটার এক অদ্ভুত মিল পায়। মউ রঙ্গন ফুল নিয়ে ঘর সাজায়, বেনুনিতে ফুল দেয়। মা যেমন ঘরে থাকলেই ঘরটা আলো আলো থাকে তেমন এত ফুলের সমারোহের মধ্যে রঙ্গন ফুল আপন মহিমায় মহিমান্বিত।

রঙ্গন ফুলের পাশেই মা দাঁড়িয়ে আছে হাসি মুখে এমন একটা ছবি তুলে দিয়েছিল মউ নিজের বিয়েতে পাওয়া একটা ক্যানন ক্যামেরা দিয়ে। রেখে দিয়েছিল নিজের কাছে মায়ের সেই অমূল্য ছবি। মন কেমন করলেই ছবিটা দেখত মউ। একবার বাড়ি বদলের সময় ছবিটি হারিয়ে ফেলে মউ। কিন্তু মনের মধ্যে ছবিটি গেঁথে আছে আজও। বিয়ের পর মউ শহর ছেড়েছিল ঠিকই কিন্তু প্রথমে সপ্তাহে চারটে চিঠি, তারপর তিনটে চিঠি তারপর ফোন। দিনে হাজারবার নয় মা ফোন করে, নয় মউ করে। ফোন মা মেয়ের মধ্যে সেতু। দূরে গিয়েও মায়ের থেকে মেয়ে আলাদা হয়নি। কনকাঞ্জলি দিয়ে শুভময়ের হাত ধরে চলে আসার সময় মউয়ের বুক ফেটে কান্না এসেছিল। হাউহাউ করে কাঁদতে কাঁদতে গাড়িতে উঠেছিল। ফুলে ভরা রঙ্গনগাছটা দেখে মন মা মা করে কেঁদেছিল, কিন্তু এটাও মনে হয়েছিল যে রঙ্গনগাছটা হাওয়ায় হাওয়ায় দুলছে না,

মা হয়ে বলে দিচ্ছে, "নিজের ঘরে যাও, মউ, সুন্দর করে ঘর-সংসার কর।"

এখনো মা, মা, আর মা। মায়েরও দুনিয়ায় তার একমাত্র মেয়ে মউ। মউয়ের হাজবেন্ড শুভময় এই নিয়ে খুব লেগ পুল করে, মউ তাতে পাত্তাও দেয় না। শুভময়কে হিংসুটে বলে মুখ ভেঙিয়ে চলে যায়। "মা, জানো কী সুন্দর জায়গায় এসেছি। কুরগ নাম। হ্যাঁ, হ্যাঁ, ব্যাঙ্গালরের কাছে ঠিক নয় দূরেই। এটা কফি এস্টেট। সেই মনে আছে উটির চা বাগান? এটা হল কফির বাগান। মা, চা গাছ ছোটো ছোটো কিন্তু কফি গাছ অনেক বড়ো। কী বলছ? ছবি তুলে আনতে? আনব আনব। তোমার বনু অনেক ছবি তুলছে। ভাইয়া রাস্তায় আসতে আসতে দুবার বমি করে এখন কাহিল। মা কী সুন্দর, নির্জন জায়গা শুধু কোথা থেকে জানি ঝিরঝির জলের আওয়াজ আসছে।"

"কী বলছ? এনজয় করতে? আই মিস ইউ, মা!"

আবার কখনো, "মা, আজ না চিলি চিকেন বানিয়েছি, ফ্রায়েড রায়েস, এগ ডেভিল। সেনদারা এসেছিল, খুব সুনাম করল রান্নার। না, না, আমি এখানেই একজনের থেকে শিখলাম। টিভিতে রান্না দেখি না তো।"

"মা, আজ সিনেমা দেখলাম লাইফ অফ পাই। সে এক অনবদ্য মুভি। কী যে ভালো লাগল। হ্যাঁ, হ্যাঁ, তোমার

ভাইয়া, বনু, শুভময় সবাই গেছিলাম। ডিনার করেই ফিরেছি। তোমার ভাইয়ার আবার তো পপকর্ন, কোক না হলে চলে না।"

"মা, আজ তোমাদের বিবাহবার্ষিকী তো, কত হল গো? পঞ্চাশ বছরের বিবাহবার্ষিকী করব। কী বলছ? করতে না? তোমার ইচ্ছে নেই? তাহলে থাক। আমাদের এখানে নিয়ে আসব। সকালে কালীবাড়ি নিয়ে যাব আর বিকেলে কেক কাটা আর রাতে গ্র্যান্ড ডিনার। বাবা খাবে না বলছ? যা পারবে খাবে, না খেতে পারলে বাড়ি এসে না হয় যা-হোক কিছু।"

"মা, এইবার গরমের ছুটিতে যেতে পারব না, তোমার বনুর সামনে বোর্ড একজাম। সামনের বার যাব।"

কত কথা প্রহরে প্রহরে কথা মউ আর তার মায়ের। সুখের কথা, দুঃখের কথা, অভিমান, সাংসারিক কথা, পাড়া প্রতিবেশীর কথা, আত্মীয়-স্বজনের কথা। কথা আর কথা। মউয়ের মেয়ের পরীক্ষা, ছেলের পরীক্ষা, বেস্ট অফ লাক না বললে না কি মায়ের মন খুঁতখুঁত করে, আর ওনার নাতি নাতনীরও। পরীক্ষা শেষে গরমের ছুটিতে যাবে মউ। এয়ারপোর্টে দাঁড়িয়ে আছে সদা আনন্দময়ী মা। লাগেজ ট্রলি নিয়ে ছুটে যাচ্ছে মউ। কতদিন পর মাকে

দেখছে মউ। "ইশ! এত রোগা হয়ে গেছ কেন গো? কী চেহারা হয়েছে তোমার? কেমন আছ, মা?"

"জানিস তো বয়স হলে রোগা হয়ে যাওয়া ভালো। মোটা থাকা কি ভালো?"

মউ নিজের বাড়ি যাচ্ছে কতদিন পর পাক্কা দু-বছর। মাঝখানে যদিও বাবা-মা এসেছিল। বাড়ি ঢোকার মুখে অভ্যাসমতো চোখ বোলায় মউ। "সব গাছগুলো কেটে দিয়েছ কেন? মিউনিসিপ্যালিটি থেকে কেটে দিয়ে গেছে? তার জড়িয়ে ধরেছিল? তা সমূলে কাটতে কে বলেছে? রঙ্গন গাছটা কই মা?" আঁতকে উঠেছে মউ।

"কেটে দিয়েছি। গাছটা বেশি ঝাঁকড়া হয়ে গেছিল, পাতা পড়ে শ্যাওলা ধরে গতবার আছাড় খাচ্ছিলাম আরেকটু হলে। এত গাছ গাছ করিস না তো। তোর বাবা যখন গাছগুলো লাগিয়েছিল তখন আশেপাশে কোনো বাড়ি ছিল না। এখন সব গায়ে গায়ে বাড়ি হয়েছে, গাছ থাকলে তাদের বাড়িতে পাতা পড়ে, ঝড় উঠলে না কি তারা ঘুমাতে পারে না গাছ ভেঙে যদি তাদের বাড়িতে পড়ে এই ভেবে। এসব তুই বুঝবি না। মানুষের মন হেভি কমপ্লিকেটেড হয়ে গেছে। জানিস গাছ কাটাবার লোক পাওয়া যায় না, বাগান পরিষ্কার করার লোক পাওয়া যায় না। তাই কাউকে পেলে অনেকটাই কাটিয়ে নিই।"

মউ মিনমিন করে, “রঙ্গন গাছটা শেপে কেটে দিলেই হত, একেবারে কেটে ফেললে, মা?”

“সব কেটে ফেলেছি। আরো কেটে ফেলতে হবে। তুই জানিস না? চারদিক ভুলে ভরা লোকজন,” নিজের মনে যেন বিড়বিড় করছে মা। মউ অবাক হয়ে মাকে দেখে। পিছনের বাগানে গিয়ে দেখে সুপারিগাছ নেই, জামরুলগাছ, লিচুগাছ যাতে কোনোদিন লিচু হয়নি, জামগাছ সেটাতেও জাম হয়নি কোনোদিন, পেয়ারাগাছ, নারকেলগাছ প্রায় সব কাটা হয়ে গেছে। বুকটা কেঁপে উঠল মউয়ের। ইশ! তার প্রিয় জামরুলগাছতলা, খেলনাবাটি সংসার? তার অভিমানের গাছতলা? কিছু নেই? কিছু নেই? তার বদলে কিছু জবা ফুলের গাছ, কাঞ্চন আর একটা টগর আর একটা কলকে হয়ে রয়েছে। কিছু কলকে ফুল কুড়িয়ে আঙুলে পড়ে মায়ের সামনে হাউ মাউ খাউ করে যেতেই হেসে ফেলল মা। মউও হাসল। মনে মনে ভাবছিল কত নেই এর মাঝে হারিয়ে যাবে মউ? প্রতিবার এসে দেখে বাগানটা নিজের শ্রী হারিয়ে ফেলেছে, এখান ওখান শুকনো পাতা। তার মাঝ দিয়ে হাঁড়িচাচা দম্পতি খসখস করে হেঁটে গেল মউকে পাত্তা না দিয়ে। দোতলা দিয়ে দেখল লম্বা নারকেল গাছের কোটর থেকে কাঠঠোকরা উঁকি দিয়ে আবার ঢুকে

গেল নারকেল গাছের গর্তে। কিছু চেনা ছবি দেখে নিজের মনে হেসে ফেলল মউ।

পনেরো দিন পর এক রাতে হঠাৎ মারা গেলো মউয়ের মা। মউ মায়ের দিকে তাকিয়ে আছে কিংকর্তব্যবিমূঢ়। কত লোক আসছে যাচ্ছে, কত কথা হচ্ছে মউ চুপ, মউ স্তব্ধ। ভেতর থেকে কেউ বলছে মউ তুমি কাঁদো, কিন্তু মউ চিৎকার করে কাঁদতে পারছে না কেন? মউ মায়ের হাত ধরে বসে আছে। মউকে জড়িয়ে রয়েছে ছেলে-মেয়ে। মউয়ের ভারি অভিমান হয়েছে। মউকে ছেড়ে মা চলে গেল কী করে? মউ তো বলেছিল মাকে নিয়ে যাবে এইবার ডিসেম্বরে। বেশিদিন রেখে দেবে নিজের কাছে। সেই মা কী করে এমন ফাঁকি দিয়ে চলে যায়? ধুর! নিশ্চয় ছোটোবেলার মতন মউকে ভয় দেখাবার জন্য এমনভাবে শুয়ে আছে। ঠিক জেগে উঠবে, বলবে, চা খাবি না?
মউ ভাবছে, মা না থাকলে ফুল ফুটত? পাখিদের ডাক থাকত? সকালের নরম বাতাস বইত? সব স্তব্ধ হয়ে যেত না? মা শুয়ে আছে প্রশান্ত মুখে। কাকিমারা মিলে সিঁদুর লেপে দিল মায়ের কপালে, মউকেও দিতে বলল, মাকে মউয়ের আনা নতুন লাল সাদা মলমলটা পড়িয়ে দিল, কাঁথা কাজের ব্লাউজটাও। অনেকেই এসেছে যারা আগে কোনোদিন আসত না তেমন। মায়ের দেহ বয়ে নিয়ে

উঠোনে রাখা হল। ফুল দিয়ে সাজিয়ে দিচ্ছে মা তোমায়। রজনীগন্ধার মালায় সেজেছ তুমি, রাজেন্দ্রাণী মা আমার। গোলাপের ফুল, রজনীগন্ধার গুচ্ছ বুকের উপর। মউয়ের ভেতর থেকে কে যেন আকুল ডাকে কেঁদে উঠল, "মা, মা গো!" শুভময় হাত ধরে নিয়ে যাচ্ছে মউকে। মউ কোথায়? মউ নয় এ মউয়ের দেহ শুধু। রোবট মউ গিয়েছিল শ্মশানে। মুখাগ্নি করে, নাভি ভাসিয়ে, হাড়ি ভেঙে আর পিছনের দিকে তাকায়নি। মউয়ের তাড়াতাড়ি বাড়ি যেতে হবে। মাকে কি বলে এসেছিল কোথায় যাচ্ছে? মা নিশ্চয় চিন্তা করবে। মোবাইলটা আনেনি কেন মউ?

বাড়ি ফিরে মউ ছুটে ঢুকছে নিজের বাড়িতে। এ-ঘর ও-ঘর... মা নেই, মা নেই... কী যে হাহাকার... মউ কাকে বলবে? মা, তুমি নেই? সত্যি তুমি নেই? ভেঙে পড়ছে মউ, বুকের মধ্যে যে কষ্ট পাখিটা ডানা ঝাপ্টাচ্ছে তার কথা কে বুঝবে? একটা তিলতিল করে গড়ে ওঠা বড়ো বাড়ি, বাগান সব মউয়ের কাছে অর্থহীন। বাবাকে কি দেখবে মউ? নিজের ছেলেমেয়ে কী দেখবে? আর শুভময়? না, না, কিছুই ভালো লাগে না, মা ছাড়া সবকিছু মউয়ের কাছে জোলো। কত লোক আসে যায়। ঘিসাপিটা কথা শুনতে শুনতে মউ ক্লান্ত হয়ে যায়। ঘুম হয় না মউয়ের। সেদিন যেন মনে হল মা গায়ে চাদরটা আলতো করে

দিয়ে গেল। ঘুমাতে গেলেই বুকটা টনটন করে ওঠে। সকাল সকাল উঠে দৌড়ে ব্যালকনিতে চলে যায়। শিউলির গন্ধ ভেসে আসে। হ্যাঁ, মা বলেছিল এই গাছটায় সারাবছর শিউলি হয়। শিউলি ঝরে পড়েছে, পাখিরা ডাকছে, অন্ধকার কেটে সূর্য টুকটুক করে একটু একটু করে উঁকি মারছে পূবের আকাশ লাল করে, কিন্তু মউয়ের বুক একেবারে ফাঁকা। চোখের জল বাঁধ মানে না। বুকের ভেতর বিষাদের ডেলাটা গলার কাছে আটকে থাকে, আর মাকে মউ ছুঁতে পারবে না, ফোনে কথা বলতে পারবে না, মা মা বলে কাউকে ডাকবে না। কী যে দুর্মর অস্থিরতা তা কাউকে বোঝাবার নয়। শুভময় এসে হাত ধরে। তাও কিছুই ভালো লাগে না। বেশি নীচের দিকে তাকালেই শিরশির করে ওঠে। ছ্যাঁত করে ওঠে রঙ্গন ফুলগাছটার জন্য। মনে হয় মা আছে; মউকে রঙ্গন ফুলগাছটা খালি খুঁজে নিতে হবে, নিশ্চয় তার পাশে হাসিমুখে দাঁড়িয়ে থাকবে মা ঠিক ছবিটার মতো।

আজ কত লোকজন, কত আত্মীয়স্বজন ঠিক শিবপুর বাড়ির মতন। আবার কত চেনা-জানা হচ্ছে নিজেদের পারিবারিক মিলনমেলায়। ফোনের নাম্বার বিনিময় হচ্ছে কাজিন ভাইবোনেদের মধ্যে। চারদিকে সবাই আছে, কিছু কাজিন ভাই-বোন-দাদারা। তুমি শুধু নেই মা, শুধু তুমি

নেই। মউ ভাবে সব জায়গায় সবটুকু ঠিকঠাক আছে শুধু আমার বুকের কুঠুরিটা ফাঁকা। এত ফাঁকা যে সে জীবনেও ভরবে না ভেবে মউয়ের পাগল পাগল লাগে। অনেক জনের অনেক কথার মাঝখানে বসে থাকে বেভুল হয়ে। তাকিয়ে আছে অনেকের দিকে কিন্তু দেখছে না, কথা শুনছে আবার শুনছেও না। মা তো বলেছিল শ্রাদ্ধ মানেই শ্রদ্ধা। সংসারের প্রতিটি কোণায় ছড়িয়ে থাকা মাকে কী আর নতুন করে শ্রদ্ধা জানাবে মউ? পুরোহিত মন্ত্র বলে আর মউ খালি বলে মা-মা-মা। মউ অতশত নিয়ম জানে না, হিন্দুশাস্ত্র জানে না। শুধু জানে মাকে। মায়ের ছবির দিকে তাকালেও মুখ ফিরিয়ে নেয় মউ। মাকে ছবিতে দেখতে হবে কেন মউকে? মউ চোখ বুজলেও মাকে দেখতে পায়, খোলা রাখলেও। মা বলেছিল শোকের বাড়ি মানেই নীরবতা, স্তব্ধতা, শান্তি কিন্তু মউয়ের এত কথার মাঝে বসে থাকতেই ইচ্ছে করছে না। মউ কোথায় যাবে? মায়ের কষ্ট হবে না, মউকে তো শিখিয়েছে সামাজিকতা কাকে বলে! মউ সামাজিকতা করছে কিন্তু মা কই? সবটুকু তো মাকেই ঘিরে।

ফিরে যাওয়ার দিন এসে গেছে। তার আগের দিনগুলো মায়ের জিনিসপত্র নিয়ে ঘাঁটাঘাঁটি করেছে মউ। সারাদিন মা মা আর মা ভেবে ভেবে উদাস হয়েছে শূন্য দৃষ্টি মেলে।

গাড়ি এসে গেছে, লাগেজ তুলছে শুভময়। বাবাকে গাড়িতে নিয়ে বসাচ্ছে মউয়ের ছেলে-মেয়ে। মউ গেটের কাছে দাঁড়িয়ে থমকে গেছে। আর মা এখানে দাঁড়িয়ে থাকবে না মউয়ের জন্য, দেরি হলে চোখ রাঙাবে না। ডানদিকে তাকাতে দেখল জমাট বাঁধা অন্ধকারে রঙ্গন ফুলগাছ আর মা দাঁড়িয়ে আছে জড়াজড়ি করে। মউ এই প্রথম আকাশ ফাটিয়ে চিৎকার করে উঠল, মাআআআ...

সবুজ আলো

মুখে ফ্রায়েড রাইস নিতে নিতে পাঁচ বছরের কিটু ললিতাকে জিজ্ঞাসা করল, "মা, আমারও রুমিমাসির মতন সানাই বাজিয়ে বিয়ে হবে? লাল বেনারসি, এত্ত গয়না পরব আর অনেক অনেক গিফট পাব?"

ললিতা আরেকটু ফ্রায়েড রাইস কিটুর মুখে দিতে দিতে বলল, "আগে খেয়ে নাও তারপর কথা হবে।"

মা মেয়ের কথোপকথনে টেবিলের উল্টোদিকে বসা একজন বয়স্ক আর একজন এই চল্লিশের ওপর বয়সি ভদ্রলোক হো হো করে হেসে উঠল। এদের দুজনকেই ললিতা চেনে না। ললিতা এসেছে তার পিসিমণির মেয়ে রুমির বিয়েতে। কিটুর প্রশ্নের উত্তর দিতে দিতে অন্যমনস্ক হয়ে ললিতা নিজেও একটু আধটু খাচ্ছে। উল্টোদিকে বসা ললিতার পিসতুতো দাদা রবিনের সহকর্মীদের মধ্যে শীর্ষ ললিতাকে মাঝে মাঝে আড়চোখে দেখছিল। এ যেন বিষাদ প্রতিমা।

ললিতা যেমন অপরূপ সুন্দরী নয় আবার কুৎসিতও নয়। একটা আলগা লাবণ্য আছে, সেটা মাঝে মাঝে সাজগোজ করলে, ভালো শাড়ি পরলে ফুটে ওঠে। এই যেমন এখন হলুদ-কালো কাঞ্জিভরমটায় বেশ লাগছে। হাজার ওয়াটের আলো নয়, একটা প্রদীপের শিখার মতো আলো ছড়ানো।

শীর্ষ বলে উঠল, "মা মেয়ের আলাপনে যে মায়ের কিছুই খাওয়া হল না।"

ললিতা শুকনো হেসে বলল, "না, না, খেলাম তো।"

শীর্ষ হেসে বল, "তাই?"

ললিতা মুখটা গম্ভীর করে বলল, "মোটা বলে ভাবছেন তো?"

শীর্ষ অপ্রতিভ হয়ে একটু মিইয়ে, "না, আসলে আমরা এত খেলাম যে আমাদেরই লজ্জা লাগছে। মনে হল আপনি কিছুই খেলেন না।"

চেয়ার ছেড়ে উঠতে উঠতে কিটু বায়না ধরল, "মা, রুমিমাসির বিয়ে পুরোটা দেখব।"

ললিতা রেগে বলল, "নো বায়না কিটু। দাদু, দিদার খাওয়া হলেই আমরা চলে যাব।"

সামনে পিসতুতো দাদা রবিন এসে বলল, "কিটু, এস আইসক্রিম খাবে। লালি, তুই ঠিকমতো খেয়েছিস তো? এই যে শীর্ষ আমি একা হাতে বোনের বিয়ে সামলাচ্ছি ভাই, আশা করি পেট ভরে খেয়েছ। এই যে আমার ভাগ্নি কিটু, আর মামাতো বোন ললিতা। ওর বর আসামে করিমগঞ্জে এক টি-এস্টেটের ম্যানেজার।"

শীর্ষ ললিতার দিকে তাকিয়ে, "চা বাগান? দারুণ ব্যাপার।"

ললিতা বলল "কেন? কীসের এত দারুণ ব্যাপার? চা বাগানের মালিক তো নয়, বেতনভুক কর্মচারী।"

শীর্ষ সাময়িক চুপ করে গিয়ে বলল, "আচ্ছা, আপনি কি সবসময় রেগে থাকেন? একটু আইসক্রিম খান। কী খাবেন বলুন চকোলেট বা ট্রুটিফ্রুটি?" এই কথা বলার ধরনটায় ললিতা হেসে ফেলল। শীর্ষ এক ঝলক তাকিয়ে আইসক্রিম ললিতার দিকে বাড়িয়ে দিয়ে নিজে হেসে বলল, "হাসবেন, ভালো লাগে আপনাকে।"

ললিতা আইসক্রিমটা শীর্ষর থেকে নিয়ে ঠোঁটের কোণায় হাসিটা ঝুলিয়ে রাখলে শীর্ষ চোখের ইশারায় খেতে বলে বলল, "তাড়াতাড়ি খেয়ে নিন। আপনার যা রাগ তাপে গলে যাবে।"

ললিতা কিছু বলল না দেখে জিজ্ঞাসা করল, "হাজবেন্ড কোথায়?"

ললিতার কিছু বলার আগেই কিটু বলে, "বাবা আসেনি তো, ছুটি পায়নি। মা, আমি বাবার সাথে কথা বলব।"

শীর্ষ বলে, "হুম, বুঝলাম, এ তো রাগ নয়, এ যে অভিমান।"

তারপর একটু সাহস নিয়ে বলল, "ফেসবুকে আছেন? থাকলে দেখা হবে।"

ললিতা আইসক্রিমের প্লেটটা রাখতে রাখতে বলল, "না, নেই। দেখা হওয়ার আশা এখানেই শেষ হোক।"

শীর্ষ শোনেনি মতো ভাব দেখিয়ে কথা ঘুরিয়ে বলল, "আচ্ছা, আপনি কি কবিতা লেখেন? আপনাকে দেখে মনে হয় কোথায় জানি হারিয়ে যান।"

ললিতা ক্ষণিক চমকে উঠে বিড়বিড় করে বলে, "প্রচুর লিখি।"

শীর্ষ মুখে হাসি রেখে, "তাহলে ফেসবুকে আসুন। পোস্ট দেবেন, আমরা পড়ব। দেখবেন অনেকে পড়বে। একটা ভালোলাগার জায়গা তৈরি হবে।"

ললিতা ঠোঁটটা কামড়ে ধরল, শীর্ষর দিকে তাকিয়ে আচমকা গুড-নাইট বলে বিয়েবাড়ির ভিড়ে মিশে গেল। শীর্ষ মুচকি হেসে দাঁড়িয়ে দাঁড়িয়ে ললিতার দৃপ্ত হেঁটে যাওয়া দেখল।

ললিতা বাগানে ফিরে এসেছে তাও তিনমাস হয়ে গেল। বিশাল কোয়ার্টার নিঝুম, শুধু ললিতা দোলনায় বসে আছে তারই একটা মৃদু ক্যাঁচ ক্যাঁচ শব্দ সমস্ত নিস্তব্ধতাকে যেন ব্যঙ্গ করছে। কিটু একটা প্রজাপতির পিছনে ছোটাছুটি করছে, কেয়ার-টেকার বাবুলালকে বলছে প্রজাপতি ধরে দিতে। বাবুলালও ওর পিছন ছুটে ছুটে প্রজাপতি ধরার ভান করছে। শীত যায় যায় করেও জানান দিচ্ছে আমি এখনও আছি। ললিতা ঘরে গিয়ে কারডিগানটা পরে নিল। কিছুদিন আগে কলেজের সুমনা আর দীপ ঘুরে গেল।

ওদের ছেলে তোজোর সাথে কিটু খুব খেলল ক-দিন। ওরা চলে যেতে কিটুর সে কী কান্না! কান্না তো ললিতারও পায়। আর কয়েকবছর পর কিটু যখন ফাইভে উঠবে কনভেন্টে চলে যাবে, ললিতা জানে না কীভাবে থাকবে তখন আরো একা। চা বাগানে শীতের প্রকোপ শুধু বেশি নয়, অনেকদিন জড়িয়ে থাকে।

সেদিন সকালবেলায় চা করতে করতে জানালা দিয়ে দেখল বাবুলালের কোয়ার্টারের পাশে কৃষ্ণচূড়াতে একটু একটু ফুল আসছে। তার মানে ফাগুন আসছে। অকারণ মনটা খুশিতে ভরে উঠল। অনেকদিন পর ললিতা গুনগুন করে, ঘরেতে ভ্রমর এল গুনগুনিয়ে... সৌম্য পেছন থেকে জাপটে ধরে, "কী ব্যাপার, সকাল সকাল আদর খাওয়ার ইচ্ছে হয়েছে বুঝি?"

ললিতা ঘুরে দাঁড়িয়ে চায়ের কাপটা সৌম্যর দিকে বাড়িয়ে, "ওই একই কথা। তার বেশি কী জানো? নারী মন বোঝো? খালি বিছানায় নিয়ে ফেলার ধান্দা।"

সৌম্য হাসতে হাসতে বলল "নারী মন? স্বয়ং ঈশ্বর যেখানে ফেল্টু, সেখানে আমার পাশ করার কোনো সম্ভাবনা দেখি না।"

ললিতা চায়ের কাপে চুমুক দিয়ে, "বেশ, পুরুষরা খুব সোজা সরল তাই না? খালি কথার ফাঁদে ফেলে বাহুবন্দির

ফন্দি।” সৌম্য ভাবল এবার বুঝি ললিতা মেয়েদের সম্মান, অধিকার, মন নিয়ে লেকচার দেবে। তাই মানে মানে সরে পড়ল; বারান্দায় চেয়ারে আয়েশ করে বসে রইল।

গায়ে-গায়ে কোনো বাড়ি নেই। চারদিক শুধু সবুজ আর সবুজ। নিস্তব্ধ চরাচর ঝিঁঝিঁর টানা ঘ্যানঘ্যানে আওয়াজ। প্রথম প্রথম খুব ভালো লেগেছিল। তারপর আর যেন সময় কাটে না।

এক বৃষ্টির দিনে সৌম্যর ফোন এসেছিল ল্যান্ডলাইনে, “এই লালি, আসাম যাবি? সেথায় বড়ো সুখ রে।” ললিতা সৌম্যর চাকরি পাওয়ার খবরে আনন্দে কেঁদে ফেলেছিল। বিয়ে হয়ে আসার পর ঘর গোছানো, নতুন পর্দা, রঙ মিলিয়ে বেড কভার, ফুলদানিতে ভরে ভরে ফুল রাখা নিজেকে সম্রাজ্ঞী মনে হত ললিতার। বাবুলাল আর ওর বউ দুর্গা হাতে হাতে সব কাজ করে দিচ্ছে এসব দেখে বন্ধুরা ললিতাকে বলত রানি হয়ে আছিস তো রে। ললিতার সৌম্যর জন্য গর্ব হত। দুটো সন্তান এসেও নষ্ট হওয়ার পর থেকে ললিতা কেমন উদাসীন হয়ে গেছিল। কিটু আসার পর আবার সেই হাসিখুশি কিন্তু ভিতর ভিতর আবার একা হয়ে যাবার ভয় তাড়া করে। বন্ধুরাও সবাই বাচ্চাকাচ্চা হয়ে যাওয়ায় গৃহবন্দি, যোগাযোগ ক্ষীণ হয়ে আসছে। দিন-দিন এই কর্মজগতে সৌম্য বেশি বেশি ঢুকে যাচ্ছে আর ললিতা হয়ে যাচ্ছে ভীষণ একা।

গতকাল রোববার সৌম্যর সাথে অনেকদিন পর হাসি-ঠাট্টা করে কাটাল। সৌম্য ললিতাকে ফেসবুক অ্যাকাউন্ট ওপেন করে দিল। সুমনা সেবার বলে গেছে যে আজকালকার দিনে এফবি না করলে পিছিয়ে পড়তে হয়, তাই ললিতার উচিত ফেসবুক করা। ফেসবুকে দারুণ টাইম পাস হয়। ললিতা কলেজের, স্কুলের, কোচিং-এর বন্ধুদের রিকুয়েস্ট পাঠাবার প্রায় সাথে সাথেই সব অ্যাক্সেপ্টেড। অনেক চ্যাট হল বন্ধুদের সাথে, অনেকের সাথে ফোন নাম্বার বিনিময় হল। কথাও হল। চা-বাগানে আছে জেনে অনেকেই আসার আগ্রহ দেখাল। চা-বাগানের ফটো দেখে সবাই মোহিত। পরেরদিন লাঞ্চ করতে করতে ঠিক করল শীর্ষকে খুঁজে বার করবে। কিন্তু পদবী তো জানেই না। কিটু ড্রয়িং করতে করতে ঘুমিয়ে গেছে। মেয়ের কোঁকড়ান ঝুমঝুমে চুলগুলো সরিয়ে পরম মমতায় কপালে একটা চুমু খেল ললিতা। তারপর ডেস্কটপে গিয়ে বসল, কারণ ল্যাপটপ সৌম্যর সাথে থাকে। ফেসবুক খুলে দেখল অসংখ্য সবুজ আলো জ্বলছে, তাড়াতাড়ি নিজেকে টার্ন অফ করে নিল। একদিনে বেশ শিখতে পেরেছে ভেবে মনে পুলক জাগল ললিতার। এবার শীর্ষ নাম টাইপ করে দেখল ছবি ছাড়া শীর্ষ, কুতুব মিনার শীর্ষ, মোটা শীর্ষ, রোগা শীর্ষ, বুড়ো শীর্ষ, কিউট বাচ্চা সেও শীর্ষ, গোলাপ ফুল শীর্ষ। কীসব ছবিরে বাবা ভেবে মনে মনে হাসছিল

ললিতা। দুনিয়ার শীর্ষরা এক-এক করে চোখের সামনে কিন্তু কিন্তু করতেই এই তো একমুখ আঁতেলমার্কা দাঁড়িগোঁফ নিয়ে শীর্ষ সেন। পদবি না জানায় একটু দেরি হল। যাক পাওয়া গেছে এই বেশি। ফ্রেন্ড রিকোয়েস্ট দিতেই সঙ্গে সঙ্গে অ্যাক্সেপ্টেড। নামের পাশে সবুজ আলো জ্বলে উঠল। ইনবক্সে মেসেজ এল— এতদিন যে বসেছিলেম পথ চেয়ে আর কাল গুনে/ দেখা পেলেম ফাল্গুনে।

ললিতার বুকের ভিতরটা ধকধক করে উঠল, কেমন একটা তিরতিরে ভালো লাগা।

ললিতা লিখল, "কবে থেকে খুঁজে চলেছি, এ-গলি ও-গলি থেকে রাজপথ সব খুঁজে তবেই না পেলাম। হাঁটলাম দীর্ঘ এ পথ। তাই একটু দেরি হয়ে গেল।"

"আচ্ছা, আমি তো ভাবলাম আপনি আর আসলেন না আমার দুয়ারে। কান খাড়া করে ছিলাম জানেন? কবে আসবেন? কবে আমার দরজায় কড়া নাড়বেন?"

"কেন বাপু? আপনার দরজায় বুঝি কলিং বেল নেই?"

"না, না, কলিং বেলের থেকে কড়া নাড়ার আওয়াজ আমার বেশি ভালো লাগে।"

"সত্যি শীর্ষ, আপনি না..."

"কী?"

"যা তা একজন। কত কিছু আপনার মাথায় ঘোরে।"

"আপনার বুঝি ভাবনা নেই?"

"হুম!"

"শুধু হুম?"

এমনি প্রচুর কথায় কথায় পেরিয়ে যায় সময়, সপ্তাহ, মাস।

ললিতাও বেছে বেছে নিজের লেখা খাতা থেকে কবিতা পোস্ট করে। বন্ধুরা অবাক হয়ে যায় এই ভেবে যে ললিতার এই গুণ আছে তারা আগে জানতে পারেনি কখনো। ললিতাও অভিমান করে বলে তোরা কোনোদিন জানতেই চাসনি তাই জানতে পারিসনি। শীর্ষ সত্যি একটা দারুণ দুনিয়ার কথা ভাগ্যিস বলেছিল। মনীষ কোচিং-এর বন্ধু বলেই ফেলল, "আমি তো জানতাম তোর শরীর আর মন দুটোতেই খরা। এত কবিতা এল কোথা থেকে?"

শীর্ষকে কথা দিয়েছে এই কথায় কথায় আর রাগ করবে না। তাই রেগে গিয়েও রাগল না। শীর্ষর মতে রেগে গেলে ললিতাকে মেয়েদের স্কুলের রাগী হেড-মিস্ট্রেস লাগে। মনে হয় এই পৃথিবীতে এমন একটা মানুষ সে যার চিত্তে সুখ নেই। লিখে দিল— তোকে দেখাবার প্রয়োজন অনুভব করিনি তাই দেখাইনি কারণ তোর সাথে ভিজব না বলে। যেখানে দেখাবার সে জানলেই হল, আমি কী বা কেমন?

মনীষ ভালোমতোই ললিতার মেজাজের খবর জানে তাই আর ঘাঁটায় না, শুধু স্মাইলি দিয়ে চুপ করে যায়।

শীর্ষ ওর আঁকা ছবি পোস্ট দিলে কত কমেন্ট আর লাইক। ললিতা সেগুলি খুঁটিয়ে পড়ে আর মাঝে মাঝে শীর্ষকে বলে, "আপনার দেখছি প্রচুর ফ্যান!"

শীর্ষ হা হা করে হেসে জানায়, "তাও আমার খুব গরম কেন লাগে বল তো?"

"বেশি গরম লাগলে এসি চালিয়ে বসে থাকুন," ললিতা লেখে।

শীর্ষ আবার হাসে, "কেউ এসি হতে চাইছে না বুঝলে। তুমি হবে আমার এসি?"

"না, না, আমি তালপাতার পাখা হতে পারি, দিতে পারি অনন্য বাতাস," ললিতা স্মাইলি দিয়ে লেখে।

"তাই হোক, তাহলে কিন্তু আপনি নয়। তালপাতার পাখা আমায় তুমি বললে বেশি খুশি," শীর্ষ আবেদন জানায়।

ললিতা শুধুমাত্র স্মাইলি দেয়। শীর্ষ অনেকগুলো প্রশ্ন চিহ্ন দিলে ললিতা জানাল জোর করতে না, কথা বলতে বলতে হয়তো কোনোদিন তুমি বলতেও পারে। শীর্ষ আর জোর করল না।

রোজ দুপুরে ললিতা একটু গল্প করে শীর্ষর সাথে। এই দুপুরটা যেন ললিতাকে বড্ড একা করে দেয়। এত বড়ো কোয়ার্টারে কেমন গা ছম ছম করে। কিছু পাখির ডাক

মাঝে মাঝে এই নিস্তব্ধতাকে ভঙ্গ করে ললিতাকে সঙ্গ দেয়। কথা না বলতে পেরে হাঁপিয়ে ওঠা হৃদয় প্রাণ পায় শীর্ষর সাথে এই আলাপনে।

শীর্ষ লেখে, "দুপুরের একলা পাখিটাকে আমার শুভেচ্ছা।"

"শুভেচ্ছা অনেক। কী করছ?"

"তোমার জন্য অপেক্ষা।" সঙ্গে কান্নার ইমোজি।

"ইশশ!! মিথ্যেবাদী।"

"মোটেই মিথ্যে নয়।"

"তুমি অন্য ফ্যানদের সাথে ফ্লার্ট করছ বসে বসে। ওই যে ময়ূরাক্ষী, নয়নিকা, চৈতালি তোমার সব বান্ধবীরা যাদের দেখে তুমি আপ্লুত হয়ে যাও।"

"আচ্ছা, তোমার কি হিংসা হয় ললিতা?"

"খেয়ে দেয়ে আর কি কাজ নেই? হু আর ইউ? শুধু টাইম-পাস ছাড়া তো আর কিছু নও।"

"হুম! দূর থেকে কত কী বুঝতে পার, তাই না?" শীর্ষ কোনো কথা না বাড়িয়ে অফ লাইন হয়ে যায়।

দুদিন হয় শীর্ষকে ফেসবুকে দেখা যাচ্ছে না। ললিতা মনে মনে অস্থির হয়ে পড়েছে। ফোন করেছে সুইচড অফ বলছে। ললিতা কি একটু বেশি খিটখিটে হয়ে যাচ্ছে? সেদিন শীর্ষকে টাইম-পাস বলা উচিত হয়নি। এমন নানা ভাবনায় চোখে জল চলে আসছে ললিতার। তিনদিন ধরে ঠিকমতো খায়নি, ঘুমোয়নি ললিতা। কতবার মনকে

বোঝায় দু-দিন আগেও যাকে চিনত না তার জন্যে মন এত উদ্বেল হয় কেন? দুপুর হলেই কেন মনে হয় কী নেই কী নেই? এতটা অস্থিরতা কীসের? আফটার-অল, শীর্ষ পরপুরুষ বইকী কিছু তো নয়? সৌম্যকে বলবে শীর্ষর কথা? নাকি একান্তই নিজের ভালো লাগাকে সূর্যের রোদে আনতে নেই। বড্ড স্পর্শকাতর একটা সম্পর্ক ছায়াঘেরা জায়গায় রাখতে হয়। এই যে মানসিক অস্থিরতা এটা কিছুতেই মন থেকেও মেনে নিতে পারে না ললিতা। মনের মধ্যে একটাই কথা কেন, কেন, কেন?

চোখের তলায় কালি দেখে সৌম্য কলকাতা থেকে ঘুরে আসতে বলল। সৌম্যকে ছেড়ে ললিতা যেতে চায় না। একসাথে থাকবে বলেই তো বিয়ে করা। চা-বাগানে কারোর বউ-বাচ্চা থাকতে চায় না। এখানকার থেমে-থাকা জীবন কারো পছন্দ নয়। তাই তো কলিগরা তাকে সৌভাগ্যবান বলে। সৌম্য এটা উপভোগ করে। চারদিনের দিন সারারাত না ঘুমিয়ে ললিতা বারান্দায় এসে বসেছে। বাইরেটা কেমন ঝিম ধরা। ঠান্ডা গরম মাঝামাঝি আবহাওয়া। ভোর হবে হবে, সূর্য তার আলস্যি কাটিয়ে একটু একটু করে উঠবে উঠবে ভাব। পাখিরা নিয়ম করে কিচকিচ করে নিজেদের মধ্যে সারাদিনের কাজকর্ম নিয়ে আলোচনা শুরু করে দিয়েছে। বারান্দার লাগোয়া বাগানে

মোরগফুল ঝুঁটি নাড়িয়ে নাড়িয়ে দুলে দুলে মনে হয় এক্সারসাইজ করছে। এসব মনে করে ললিতা একটু মৃদু হেসে ফেলল ফিক করে। বাবুলাল সেটা খেয়াল করে ভাবল যে, মেমসাহেব থোরি সি নাদান হ্যায়। দূরে লেবার কলোনি থেকে একটা মোরগ ডেকে উঠল। হাল্কা পায়ে সৌম্য এসে ললিতার পাশে বসতেই টসটসে জলভরা চোখ নিয়ে সৌম্যর দিকে তাকাল। সৌম্য ললিতার মুখটা দু-হাতে ধরতেই ললিতা সৌম্যর বুকে মুখ লুকিয়ে কেঁদে ফেলল। অসহ্য একাকী জীবন।

শীর্ষর এখন বয়স পঁয়তাল্লিশ, সে ডিভোর্সি। খড়দহে নিজেদের বাড়ি। মৌমিতার সাথে বিয়ে হয়েছিল পেপার দেখে। দু-মাস পর মউমিতার বাবার শরীর খারাপ হওয়াতে সেই যে গেল আর ফিরে আসেনি। ওদের বাড়ির দেওয়া উপহারসামগ্রী সব লিস্ট করে ক্লাবের ছেলেদের সামনে দেখিয়ে খুড়তুতো ভাইকে দিয়ে পাঠিয়ে দিয়েছিল। মৌমিতার ইচ্ছে ছিল চন্দননগরে ওর বাবার বাড়িতেই শীর্ষ যাতে থাকে। কিন্তু নিজেদের বাড়ি, বাবা, মা, আর রহড়া মিশনের বন্ধুদের আড্ডা ছেড়ে কোথাও গিয়ে থাকতে হবে ভাবতে পারে না। তাছাড়া মৌমিতার মিলিটারি মেজাজ কোনোদিন শীর্ষর ভালো লাগেনি। মৌমিতা সবেতেই দাদাগিরি করলেও শীর্ষ ভালোবাসতে

চেয়েছিল। কিন্তু প্রচণ্ড আবেগপ্রবণ শীর্ষর আবেগের কোনো মূল্য বেশি বাস্তববাদী মৌমিতা দিতে পারেনি। মিউচুয়াল ডিভোর্স হয়ে গেলে শীর্ষর বাবা, মা অনেক অনুরোধ শীর্ষকে করলেও শীর্ষ বিয়ে করতে রাজী হয়নি। মৌমিতা চলে যাওয়ার পর প্রথম প্রথম রাতগুলো ভয়ানক অস্থির লেগেছিল শীর্ষর। কত কত রাত ঘুমোতে পারেনি। ঘুমের ওষুধ খেয়ে ঘুম আনতে হত। এমনি উতলা মনে এক মেঘলাদিনে রেডলাইট এরিয়ায় পা রেখেছিল শীর্ষ। এক দালালের সঙ্গে একটা ঘরে ঢুকেওছিল। মেয়েটা ছিল অপূর্ব সুন্দরী। শীর্ষ হাঁ করে তাকিয়েছিল। কিন্তু মেয়েটির প্রফেশনাল অ্যাটিচুড দেখে শীর্ষর কেমন গা গুলিয়ে বমি এসে গেছিল। পারেনি আজন্মলালিত সংস্কার তুচ্ছ করে শরীরসুখ নিতে। মেয়েটির প্রাপ্য টাকা বিছানায় রেখে চলে এসেছিল। সেদিন বুঝেছিল যে তার শরীর আর মন একমুখী । মনের আবেগ দিয়ে যা সুখ শরীরী ভালোবাসায় পাওয়া যায় তা শুধু শরীর দিয়ে হয় না, অন্তত সে পারে না। পুরুষের অহমিকায় জোর আঘাত দিয়েছিল মৌমিতা। কয়েকমাসের অভ্যাস এইভাবে নাড়িয়ে দেবে শীর্ষ ভাবতে পারেনি। বারবার মৌমিতার কাছে ছুটে চলে যেতে মন চেয়েছে। সকালে উঠে মনে হতেই বিতৃষ্ণা লেগেছে নিজের জীবনের প্রতি।

ক-দিন ক্লাবের বন্ধুদের সাথে বেনারসে বেড়াতে গিয়ে গাঁজা খেয়ে বুঁদ হয়েছিল। বাড়িতে ফিরতে চায়নি। বন্ধুরা বাড়িতে খবর দিলে মা বাবা বেনারসে এসে কান্নাকাটি করে ফেরত নিয়ে গেছিল। ক-দিন নিজের ঘরে গুম হয়ে বসেছিল। অফিসে যেত না ঠিক মতো। নিজের মনকে নিজে নিজে রিপেয়ার করা যে কী দুষ্কর তা শীর্ষ জানে। একদিন চিলেকোঠা ঘরে ঢুকে পরিষ্কার করতে করতে সেই স্কুলদিনের তুলি, শুকনো রঙে ভরা প্যালেট এসব নাড়াচাড়া করতে করতে পেইন্টিং-এর নেশাটায় ফিরে আসার চেষ্টা করে। সেবার পাড়ার তাদের সাবেকি পুজোতে মণ্ডপ সাজানো হয়েছিল শীর্ষর পেইন্টিং দিয়ে। সবার প্রশংসায় নিজেকে সমাজ থেকে গুটিয়ে নেওয়া শীর্ষ আস্তে আস্তে আত্মবিশ্বাস ফিরে পেয়েছিল। অফিসের জুনিয়র রৌনকের পাল্লায় পড়ে ইদানিং ফটোগ্রাফির নেশায় পেয়ে বসেছে। কয়েকজন মিলে এখানে ওখানে ঘুরে বেড়ায়। এখন যেমন পুরুলিয়ায় ভাগলবা হয়েছে ক-দিনের জন্য। মা, বাবা ছাড়া কেউ জানতে পারে না। ঘুরে এসে সবাইকে বলে, ফেসবুকে ছবি দেয়।

পাঁচদিন পর ফেসবুকে ছবির সমাহার নিয়ে হাজির শীর্ষ। ময়ূরাক্ষী নামে এক মহিলা কত কমেন্ট করছে, শীর্ষ উত্তেজিত হয়ে জবাব দিচ্ছে। সবাই কত কত লাইক,

কমেন্ট করছে। শীর্ষ থ্যাঙ্ক ইউ বলছে। ললিতাকে সবুজ আলোয় যেন দেখেও দেখছে না। ললিতার অভিমান জমে জমে পাহাড়। শীর্ষ পরের দিন সুপ্রভাত বললেও জবাব দেয়নি ললিতা। অকারণে কিটুকে বকলে মেয়েটা কেঁদে কেঁদে ঘুমিয়ে পড়েছে। নিজেরই এখন খারাপ লাগছে ললিতার। কী যে হয়েছে ভেবেই নিজের উপর দুঃসহ রাগ হচ্ছে।

শীর্ষ অবশেষে ললিতাকে ফোন করলে ললিতা ফোনে অনেক অভিযোগ করে, কান্নায় ভেঙে পড়ে। শীর্ষ ব্যাপারটার গুরুত্ব বুঝতে পেরে স্যরি বলে অনেকবার। ললিতাকে শীর্ষ বোঝায় যে দীর্ঘ একাকী জীবনে কাউকে কোথাও বলে যাওয়ার অভ্যাস শীর্ষর নেই। ললিতা এতটা অস্থির হবে, উদগ্রীব হবে, তা শীর্ষ জানত না বলেই বলে যায়নি। এ ভুল আর হবে না। যেখানে যাবে বলে যাবে, আর সেখান থেকে মাকে যেমন ফোন করে তেমন ললিতাকেও করবে। হঠাৎ শীর্ষ ললিতাকে মুচমুচ করে উড়ন্ত চুমু দিতে ললিতা কেমন হতভম্ব হয়ে ফোনটা কেটে দেয়। ললিতার যেন শরীরজুড়ে আলস্য, হাত-পা কেমন অবশ হয়ে আসছে, শ্বাস বেড়ে গেল। মনের অস্থিরতা সারা শরীরেও কি ছড়িয়ে পড়ছে ঘুণ পোকার মতো? আর বেশি কিছুতেই ভাবতে পারছে না ললিতা। কোলবালিশটা

বুকে টেনে নিয়ে লম্বা চুলের রাশি ছড়িয়ে শুয়ে পড়ল। আদরের শব্দে বুকের ভিতর কেমন কেমন হতে লম্বা শ্বাস নিয়ে চিন্তা করতে লাগল রেগে যাওয়ার বদলে কেন প্রশ্রয় দিল শীর্ষকে? মনে মনে কি তাহলে স্বৈরিণী হয়ে যাচ্ছে ললিতা? "হা, ঈশ্বর! আমায় রক্ষা কর," বিড়বিড় করতে করতে ঘুমিয়ে পড়ল ললিতা। পাঁচদিন পর একটা স্বস্তির ঘুম।

দুপুরটা আজকাল যেন কাটতে চায় না ললিতার। মনে পড়ে, বিয়ের পর পর মাঝে মাঝে সৌম্য চলে আসত। আদরে আদরে ললিতাকে জেরবার করে দিত। মুখে না না করলেও মনে মনে খুব উপভোগ করত ললিতা। আসলে সৌম্যর এই চাকরিটা খুব প্রিয়। অন্যান্য চা-বাগানে কত শ্রমিক আন্দোলন কিন্তু এই বাগানে সৌম্য আসার পর ছোটোখাটো ঝামেলা ছাড়া সেরকম কিছু হয়নি। শ্রমিকদের সাথে ইউনিয়নের সদস্যদের সাথে সৌম্য মধুর সম্পর্ক রাখে। আসলে সৌম্যর পার্সোনালিটি খুব সফ্ট এন্ড সুইট। ঠাণ্ডা মাথা, সহজে রাগে না। এই প্লাস পয়েন্টটা আছে বলেই এই চাকরিতে ও খুব সফল। এইসব ভাবতে ভাবতে শীর্ষকে ফোন করল। একথা সেকথা বলার পর ললিতা বলল, "ভালো লাগছে না। মন খারাপের দুপুর আজ।"

"বেগুনী রঙের শাড়ি আছে?"

ললিতা অবাক হয়ে, "কেন গো?"

"ওটা পরে চা-বাগানে নেমে যাও। একটা পথ ধরে হাঁটতে থাকো। ওখানে পৌঁছে আমায় ফোন কর। যাও, আর দেরি কর না।"

ললিতা অলস পায়ে আলমারি খুলল, শাড়ি দেখছিল। বেগুনী বড়ো ডিপ কালার, ললিতার মাজা গায়ের রঙ মানাবে না ভেবে কোনোদিন কেনেইনি। একটা অনেকদিন আগেকার নীল জর্জেট শাড়ি বের করে পরে চুলটা হাত খোঁপা করে নিল। কপালে পরে নিল নীল টিপ। কিটুকে নিয়ে হাঁটতে লাগল। বেশ কিছুটা গিয়ে দেখতে পেল বর্ষার জল পেয়ে একটা নতুন ঝোরা তৈরি হয়েছে। সবে দুপুরে এক পশলা বৃষ্টি হয়ে গেল। মেঘের আনাগোনা এখনো আশেপাশে। গাছের মাথায় মাথায় ছুঁয়ে ছুঁয়ে মেঘের হামাগুড়ি। কিটু একটা ফড়িং-এর পেছনে তিড়িং তিড়িং করে লাফাতে লাফাতে এদিক-ওদিক করতে লাগল। ললিতা চুপ করে ঝোরার পাশে দাঁড়িয়েছিল। হঠাৎ মুখ তুলে সামনের দিকে তাকাতেই অবাক হয়ে গেল। মেঘের বুক চিরে সূর্যের আলো মায়াময় রঙ্গোলি বানিয়ে রেখেছে। কিটুকে ডেকে ললিতা দেখাল রামধনু। মা, মেয়ে অসম বয়সি দু-জন হাত ধরে দাঁড়িয়ে রইল অপলক। মোবাইলের রিং-টোনে সম্বিত ফিরতেই কলার লিস্টে

দেখল শীর্ষ । শীর্ষ বলে উঠল, "ম্যাডাম কি ঘুমোচ্ছেন? এই তুমি চা বাগানে যাওনি?"

"বাগানেই দাঁড়িয়ে আছি। সামনে কী সুন্দর রামধনু। কিটু ছোটাছুটি করছে। মনে মনে কবিতা ভাবছিলাম, বলি?"

"কেন নয়? শুনি একটু..."

ললিতা বলে উঠল...

মেঘেদের আদরে ভিজে হল বুঝি সারা
ঝোরার সাথে একাত্ম এক নারী,
পাইন পাতায় রোদের আলোছায়া
পায়ের পাতায় আবেগ শিরশিরানি।
মনের মাঝে মনকে হারায়ে খুঁজি,
অনামিকায় তুমিই বেভুল আছ,
রামধনুতে লজ্জাকথারা আঁকা,
ফাটা ঠোঁটে অলস বিকেল রাখি।
তোমার ঠোঁটে ঝুলন্ত সেই আগুন,
ফাগুন এনে পলাশ ফোটায় বুঝি?
ঝোরার সাথে একাত্ম এক নারী
কথার সাথে সুদূরে দিয়েছে পাড়ি।

"ওয়াও! আরো ভাব লেখাটা নিয়ে। আমায় পাঠিয়ে দিও। আমি কোনো পত্রিকায় দেখি পাঠাতে পারি কিনা।"

"ধুত! এসব ছাপাতে নেই। এগুলো সাময়িক ভাবনা। সবার মধ্যে ছড়িয়ে দিলে আমার আর নিজস্ব রইল কী? সবকিছু হাটের মাঝে ছড়িয়ে তুমি আনন্দ পাও কারণ তোমার অনেক স্তাবক আর তুমি স্তাবকতা পছন্দ কর।"

"কিটু কী করছে?" কথা ঘোরায় শীর্ষ।

শীর্ষ খানিকক্ষণ কিটুর সাথে একটু গল্প করে। কিটুর ফড়িং পোষার বায়না শুনে হেসে সাপোর্ট করল। ললিতাকে বলবে যাতে কিটুকে ফড়িং পুষতে দেয়, এসব ছেলেমানুষি গল্প করে অফিসের প্যাসেজে এসে একটা সিগারেট ধরাল।

পরের দিন বেলা এগারোটা নাগাদ ফেসবুক খুলে ললিতা চমকে গেল। শীর্ষর পেইন্টিং দেখে অদ্ভুত মনের ভিতর কাঁপুনি শুরু হল। শীর্ষ এঁকেছে চা-বাগানের পাশে পাহাড়ে ছোটো ঝোরা, নীল শাড়ি পরে এক নারী আকাশের দিকে তাকিয়ে। দূরে হালকা রামধনু। অদ্ভুত তো!

শীর্ষ জানল কী করে যে ও বেগুনী শাড়ি না পরে নীল শাড়ি পরেছিল? শীর্ষর ছবিটায় ললিতাকে শুধু নয় সমস্ত ললিতাকে যেন বন্দি করে দিয়েছে। ললিতা মনের কাঁপুনি শুনতে পেয়ে ফেসবুক বন্ধ করে শুয়ে রইল চুপ করে। কিছু যে কেন ভালো লাগে না? রোগ না মনের অসুখ?

কিছুদিন হল ললিতার বাবা, মা, শ্বশুর , শ্বাশুরি সবাই এসেছে একসাথে। কিটুর পাঁচ বছরের জন্মদিন বলে একটু উৎসব করবে ললিতা। কিটুর কিছু স্কুলের বন্ধু, বাগানের সৌম্যর কলিগরা আসবে। ললিতা ক-দিন খুব ব্যস্ত। সমতলে গিয়ে অনেক বাজার করে এনেছে। ললিতার শ্বাশুরিমা কেক বানাবেন, উনি এ-সবে এক্সপার্ট। ললিতার মা রাঁধবে পায়েস আর পোলাউ। ললিতা মাংস আর স্ন্যাক্স বানাবে। কিটুর দুই দাদু বাবুলালের সাহায্য নিয়ে ঘর সাজিয়ে নেবে। কিটু তো আনন্দে উড়ে উড়ে বেড়াচ্ছে। দেখতে দেখতে কিটুর জন্মদিন হয়ে গেল, সবাই চলেও গেল। বাড়িটা ফাঁকা হয়ে গেছে। ললিতা কলকাতা যাবে সেই পুজোর সময়। সৌম্য যাবে অষ্টমীর দিন আবার একাদশীর দিন ফিরে আসবে। ললিতা ফিরবে ভাইফোঁটার পর। ললিতার ভাই রণিত আসবে হায়দ্রাবাদ থেকে, আর ননদ বিদিশা আসবে শিলিগুড়ি থেকে। সৌম্য তখন আবার যাবে দু-দিনের ছুটিতে।

ললিতা মাঝে মাঝে লেবার কলোনিতে যায়। সেখানে মেয়ে-বউদের পরিবার পরিকল্পনা নিয়ে, পরিষ্কার পরিচ্ছন্নতা, বাচ্চাদের পড়াশুনা করার জন্য স্কুল পাঠানো এসব নিয়ে আলোচনা করে। বেশি দেশী মদ খেয়ে যাতে লেবাররা পয়সা নষ্ট না করে এরকম নানা কথা বোঝায়।

সবার খোঁজখবর নেয় বলে ললিতাকে দিদিমনি বলে সবাই সম্বোধন করে। সবাই ভালোবাসে খুব ম্যানেজারবাবুর বউকে। একটা এনজিও কথা বলেছিল ওদের হয়ে কাজ করার জন্য। সৌম্য মানা করেছে কোনো পার্টি বা এনজিওর ছত্রছায়ায় না থেকে নিজের মতো করে সমাজসেবায় সে বেশি বিশ্বাসী। আজকাল চা-বাগানে প্রচুর পলিটিক্স, প্রায় সব চা-বাগান বন্ধ হয়ে আছে। ললিতা এসব বুঝবে না, তাই কোনোরকম পলিটিক্সে ললিতা না বুঝেই জড়িয়ে যাবে ভেবে সৌম্য না বলে দিয়েছে।

পুজোতে একমাস ঘুরে এসে ললিতা বেশ ফুরফুরে আছে। একদিন শীর্ষর সাথে দেখাও করেছে। ললিতার বাড়ি যাদবপুর আর শীর্ষর অফিস সল্টলেকে। শীর্ষ একটা সরকারি ব্যাঙ্কে আছে, সল্টলেক ব্রাঞ্চে সেখানে ললিতার পিসতুতো দাদাও কাজ করে। ললিতার সাথে শীর্ষ শিয়ালদহতে দেখা করল। ললিতাকে নিয়ে শীর্ষ কল্যাণী লোকালে চেপে বসল। সারাটা রাস্তা দুজনে কখনো প্রচুর কথা বলল, কখনো চুপ করে ট্রেনের জানালা দিয়ে শূন্য দৃষ্টি মেলে রাখল, কখনো আড়চোখে দুজন দুজনকে দেখল, চোখে চোখ পড়লে দুজনেই হেসে ফেলল। রাস্তায় বাচ্চার মতো আবদার করে ট্রেনের ঝালমুড়ি, মশলা চানা, চা খেল। এটা সেটা ঘরকন্নার টুকিটাকি, মনিহারী

সাজসজ্জার জিনিস কিনছিল। কখনো সংসারী কখনো কিশোরী। শীর্ষ ললিতার এই কেনাকাটা উপভোগ করছিল মনে মনে। একটা মানুষের মধ্যে দ্বৈত সত্তা নিয়ে ভাবছিল। বেড়াতে বেড়িয়েও ললিতার গৃহী মন ন্যাপথালিন, সেফটিপিন, কাপড় শুকাবার ক্লিপ, স্কচ ব্রাইটে আটকে গেছিল সাময়িক। শীর্ষর যেমন কপাল এরকম একজন গৃহী মেয়ে কি তার একান্ত হতে পারত না? সে তো চেয়েছিল এমনি একজনকে। আবার ফিরতি ট্রেনে একইভাবে ফিরেছিল। দুজন ছেড়ে যাবার মুহূর্তে একদম নিশ্চুপ হয়ে গেছিল।

চা বাগানে ফিরে গিয়ে ললিতা ফেসবুকে কবিতা দিল—
    এভাবে হয় না বোধ হয়—
    কিছু পিছুটান, কিছু মুহূর্ত,
    কিছু স্মৃতি, কিছু সুখ সময়।
    বেশ কিছুটা পথ এক, দুই, তিন কদম
    একসাথে চললেও
    এক হওয়া কি যায়?
    এভাবে হয় না বোধ হয়।
    মনের কথাগুলো
    ঝিক ঝিক শব্দের সাথে মিশে যায়—
    সবশেষে ফিরে আসা

বিচ্ছেদ সময় নরম গোধূলিতে,
মুঠোতে দীর্ঘশ্বাস তোমার কি একার?
এভাবে হয় না বোধ হয়।

ফিরে আসার পর ললিতা খেয়াল করল শীর্ষ কেমন জানি এড়িয়ে যাচ্ছে। কথা বললে হুম, হ্যাঁ, আচ্ছা এমন উত্তর দিয়ে চুপ থাকে। ফেসবুকে থাকলেও কথা বলে না। এমনকী ললিতার কবিতা পড়েও না, সেসব নিয়ে মজাও করে না। কিছুদিন আগে নেপাল ঘুরে এসেছে শীর্ষ। অনেক ফটো দিয়েছে। আজকাল ময়ূরাক্ষীর সাথে এই নিয়ে খুব গল্প করছে, ললিতাকে যেন দেখেও দেখে না। ললিতার ভিতরটা অভিমানে গুমরে ওঠে। চোখে জল চলে আসে। বিষাদটা ফিরে আসছে ললিতার শরীর মন জুড়ে তা ললিতা বুঝতে পারে। জীবনে এই প্রথম শীর্ষকে অনেক প্রশ্রয় দিয়েছে ললিতা। কেন দিল ললিতা? তাই ভেবে কুল কিনারা পায় না।

ক-দিন ফেসবুকে গেলই না। পরিষ্কার ঘরবাড়ি নতুন করে পরিষ্কার করা হল, আসবাব এদিক-ওদিক হল। বাগানে নতুন মরশুমি ফুলের চারা এনে মালির সাথে বকবক করে সময় কেটে গেল। কিন্তু মনের মধ্যে খচখচানি যাচ্ছে না। বুকের ভিতর কী নেই কী নেই ভাব। একেই বলে ডেকে

আনা অশান্তি? নিজেকে হাজারবার বলে চলেছে, ভোলো, সব ভোলো, ললিতা! ওই ক-দিনকে দুঃস্বপ্ন মনে কর। মন যে অবুঝ, কিছুতেই সে বাগে আসে না। মনে হয়, শীর্ষ কানে কানে ফিসফিস করে বলছে, "এই যে ম্যাডাম, এবার একটু উঠুন, বাগানের রাস্তা দিয়ে হেঁটে আসুন। ভালো লাগবে।"

আজ অনেকদিন পর কিটুকে বাবুলালের বউয়ের কাছে রেখে একাই বাগানের দিকে গেল। আজ পরনে হলুদ তাঁতের শাড়ি আর লম্বা বেণী। রাস্তায় মিতিনের সাথে দেখা হলে মিতিন একটা রাস্তার নাম না জানা নীল ফুল তুলে মাথায় দিয়ে দিল। মিতিন চা-বাগানের বাচ্চাদের স্কুলে পড়ায়। অসমিয়া মেয়েটি খুব ভালো। ঝোরাটা আর নেই দেখল, শুকিয়ে গেছে নুড়ি, পাথর, কিছু শ্যাওলা পড়েছে পাথরের ওপর। কেমন জানি অজান্তেই একটা দীর্ঘশ্বাস বেরিয়ে এল। ললিতার মন প্রকৃতির সাথে কেমন এক হয়ে যায়। আসলে অনেক কিছুই থাকে না, একটা হালকা দাগ থেকে যায়। কী যেন নেই? কী নেই? কী হারিয়ে ফেলেছে? মনে মনে বুদ্ধদেব গুহর লেখায় পড়েছিল দুটি লাইন মনে মনে বিড়বিড় করল, "আমার সুখ নেইকো মনে, নাকছাবিটি হারিয়ে গেছে হলুদ বনে বনে"। অনেকদিন শীর্ষর সাথে কথা হয়নি। ঝোঁকের

মাথায় শীর্ষকে ফোন করে বসল। মুহূর্তে কেটে দিল। শীর্ষ কল ব্যাক করলে ললিতা মোবাইল সুইচ অফ করে দিল। একটা পাইন গাছে হেলান দিয়ে ঝরঝর করে কেঁদে ফেলল। এই অদ্ভুত অসহায়তা কে বুঝবে? কাকে বলবে ললিতা। অসহ্য কষ্ট বুকে চাপ চাপ হয়ে থাকে তা কাকে বলবে? চারদিকে আঁধার নেমে আসতেই পাখিরা ঘরে ফেরার বার্তা দিতে ললিতা দ্রুত পায়ে কোয়ার্টারের দিকে হাঁটতে লাগল।

সিজন চেঞ্জ বলে ললিতা ক-দিন জ্বরে মাথা তুলতেই পারেনি। সৌম্য ঘরেই ছিল। কিটুকে স্কুলে পাঠানো, খাইয়ে দেওয়া, ললিতার মাথা ধুয়ে দেওয়া, টাইমে টাইমে ওষুধ দেওয়া, কিটুকে ঘুম পাড়ানো সব কী সুন্দর পরিপাটি করে করল, অবাক হয়ে গেল ললিতা এসব দেখে। কিটুও যেন মাম্মার শরীর খারাপ দেখে অদ্ভুত শান্ত হয়ে গেছে। আজ সৌম্য অফিস গেছে। মাথা ঘোরাটা একটু কম। ডেস্কটপের সামনে গিয়ে বসল। মনের সাথে যুদ্ধ করে ফেসবুক খুলে দেখল ইনবক্সে শীর্ষ লিখে রেখেছে– "কেমন আছ? কবিতা লিখছ না আজকাল?" ললিতার দু-চোখ দিয়ে জল গড়াতে লাগল। ললিতা ফেসবুক টাইমলাইনে টাইপ করল–

২১৭

আজ হেমন্তের সকালে কুয়াশা ভেদ করে
সূর্য আদরে দেখলাম
যে কাঁচের স্বর্গ তুমি আমি দিয়ে গড়া
তা ভেঙে চুরমার—
কাচের এক টুকরো থেকে
রক্তক্ষরণের শব্দ শুনি— টুপ টুপ
তুমি চুপ, আমিও চুপ অচেনা অজানা...

বেলা তিনটের সময় শীর্ষর ফোন এলে ললিতা এড়াতে পারল না। ওপাশ থেকে শীর্ষর গলা ভেসে এল, "কেমন আছ?"

"ভালো।"

"কীসব লিখেছ আজ? ছাইপাশ। মন খারাপ করা লেখা?"

"ওই যা মনে হল।"

"আচ্ছা, সত্যি? এত বিরহ কেন? সাথে তো পতিদেব আছেন। গুছানো সংসার।"

ললিতা এবার রেগে গিয়ে বলল, "নিজের চরকায় তেল দাও না বাপু। আমি কী লিখলাম না লিখলাম তা জেনে তোমার কী হবে? তুমি তোমার জগতে থাকো, আমাকে আমার মতো থাকতে দাও।"

শীর্ষ আহত গলায়, "মনে থাকে যেন, ললিতা। তাছাড়া ফ্রেন্ড রিকোয়েস্ট তুমি দিয়েছিলে।"

ললিতা ফুঁসে উঠল, "প্রথম বন্ধু হওয়ার বাসনা তোমার থেকেই এসেছিল। কিন্তু তুমি বন্ধু হওয়ার যোগ্য নয়।"

শীর্ষ ব্যঙ্গের হাসি হেসে বলল, "যোগ্যতা বিচারের মাপদণ্ড বুঝি তোমার একার হাতেই আছে? আমার হাতে নেই বুঝি?"

"আমারই ভুল। আমার মতো মহিলা তোমার মতো মতলবি পুরুষকে বন্ধু বানিয়েছিল। নিজের ওপর নিজেরই রাগ হচ্ছে।"

শীর্ষ আরো ক্রুদ্ধ গলায় বলে উঠল "সাবাশ! তোমার মতো মহিলা মানে কী? নিজেকে ধোয়া তুলসিপাতা মনে কর? ঝুঁঠা অহঙ্কারের মালা জপে লাভ নেই। আমার তোমাকে জানা হয়ে গেছে।"

ললিতা অপমানে ফুঁপিয়ে কেঁদে ফেলল ঝরঝর করে, আস্তে আস্তে বলল, "আমার বিষাদে তুমি ভালো-লাগা হয়ে এসেছিলে। আমার হাতে তুলে দিয়েছিলে সবুজ আলো। তা অবুঝ হয়ে আমার মনকে আলোকিত করেছিল। অপার ধন্যবাদ।"

শীর্ষ শেষ খড়কুটো আঁকড়ে বলল, "ললিতা, আমি তোমায় ভালোবাসি খুব। কিন্তু তুমি তা বোঝো না। আমি কেন দূরে দূরে থাকি, কেন মাঝে মাঝে চুপ হয়ে যাই, বোঝার চেষ্টা করেছ? নিজের অহঙ্কার, আমিত্বে মশগুল তুমি।"

ললিতার বুক মুচড়ে কান্না আসে, মাথাটা দুলে ওঠে। ফোনটা হাত থেকে পড়ে যায়। পরের দিন শীর্ষকে ফোন করে ললিতা। ললিতা অনেক ক্ষণ চুপ থেকে বলে, "শীর্ষ আমায় এত ভালোবেসো না। আমি আমার সংসার, কিটু, সৌম্যকে বড়ো ভালোবাসি। আমি তোমাকে কিছু দিতে পারব না। আমায় ভুলে যাও।"

"তাহলে আমি কোথায় ছিলাম এতদিন ললিতা? তুমি অভিনয় করেছিলে? মেয়েরা কি এমনই হয়, ললিতা? শুধু নিজেকেই জানে, নিজেকেই বোঝে? আমার অবস্থান তোমার মনে কোথায় ছিল, ললিতা? স্পিক আউট। তোমরা মেয়েরা ভাব আমরা কঠিন ধাতুতে গড়া, আসলে তা নয়। আমাদেরও মন অস্থির হয়, বুক ব্যথায় কেঁদে ওঠে। আমি বালির ঘর আর বাঁধতে পারি না, ললিতা। বারবার তরঙ্গ এসে সব নয়-ছয় করে দিয়ে আমায় কাঁদিয়ে দিয়ে যায়।"

ললিতা চুপ থেকে ঠোঁট কামড়ে ধরে শীর্ষকে বলে, "আমি তোমায় ভালোবাসি এটাও ঠিক কথা শীর্ষ। কিন্তু আমি জানি না এই সম্পর্কের কী নাম হতে পারে? সমাজ পরকীয়া বলবে বটে কিন্তু এটা ধ্রুব সত্যি আমি তোমাকে খুবই ভালোবাসি।"

"আমিও মনে করি না যে সব সম্পর্কের নামকরণ হতেই হবে কিন্তু ললিতা, মন যে তোমায় দেখতে চায়, তোমায়

পেতে চায়। তুমি যখন রাতের বেলায় তোমার সৌম্যর আলিঙ্গনে শান্তির ঘুম ঘুমাও, আমি বিছানায় ছটফট করি। জানি, সব জানি— তুমি তোমার সৌম্য, কিটু, সংসার হারাতে চাও না। আমিও চাই না ললিতা। কারো সংসার ভেঙে নিজে আনন্দে থাকব তা ভাবতেও পারি না। কারোর কিছু ভেঙে নিজে গড়ায় আনন্দ নেই। সমাজ, সংসার মিছে সব বলে চলে আসার মেয়েও তুমি না তা আমি বুঝতে পারি।"

ললিতা স্থবির হয়ে যাচ্ছে শীর্ষর কথা শুনতে শুনতে। পাগলের মতন লাগতে থাকে। কিছু ভালো লাগে না। অহংকারী, বদরাগী, মেজাজি ললিতার এ কী হল? এভাবে মনের পাড় ভেঙে যাচ্ছে কেন? সত্যি তো এক জীবনে দুই পুরুষ নিয়ে থাকা যায় না। একজনকে আনন্দ দিতে গেলে আরেকজন কষ্ট পাবে। এ হতে পারে না। শীর্ষকে অনেক কষ্ট দিয়ে ফেলেছে, আর নয়। ফেসবুক থেকে শীর্ষকে ব্লক করে দেবে। ফোন ধরবে না, কল ব্লক করতেই হবে।

পরের দিন সকাল সকাল ফেসবুক খুলেই যা প্রথম চোখে পড়ল তা হল পাইন গাছে হেলান দিয়ে দাঁড়িয়ে আছে হলুদ শাড়ি পরা এক মহিলা, মাথার ওপর গাছের ডালে একটা পাখী। দূরে সবকিছু মেঘে ঢেকে গেছে, সূর্য অস্তগামী। কী সুন্দর শীর্ষর পেইন্টিং। কী করে এমন হয়? কী করে শীর্ষ জানল এক বিকেলে এমনইভাবে ললিতা

গেছিল চা-বাগানে? পাইনের গাছে একটা পাখি সত্যি ছিল। বড়ো বড়ো শ্বাস ফেলে মাউসটায় হাত রাখল ললিতা কারসারটা ব্লক অপশনের ওপর স্থির। শীর্ষর সেই উজ্বল চোখদুটোর দিকে তাকিয়ে ললিতার চোখে হুড়মুড় করে জল আসছে। মন অশান্ত হয়ে উঠেছে কেন? তর্জনী, বিবেক আর মনের মধ্যে তুমুল লড়াই বেঁধে গেছে। পুরো শরীরটাই এমন অসার হয়ে গেছে কীভাবে যে ললিতা বুঝতে পারছে না।

সমস্ত শক্তি এক করে মাউসের বাটনটা ক্লিক করতে গেলে শীর্ষর ছবির পাশে সবুজ আলো জ্বলে উঠলে ললিতা স্তব্ধ, নিথর, নীরব হয়ে অপলক কিংকর্তব্যবিমূঢ় হয়ে সবুজ আলোর দিকে তাকিয়ে বসে রইল।

www.ingramcontent.com/pod-product-compliance
Lightning Source LLC
Chambersburg PA
CBHW020328200626
46814CB00006BB/2467
* 9 7 8 9 3 8 7 8 8 3 2 1 5 *